家族企业公司创业

驱动机制与成功之道

FAMILY BUSINESS CORPORATE ENTREPRENEURSHIP

DRIVING MECHANISMS AND WAYS TO SUCCESS

傅颖◎著

经济管理出版社
ECONOMY & MANAGEMENT PUBLISHING HOUSE

图书在版编目（CIP）数据

家族企业公司创业：驱动机制与成功之道/傅颖著．—北京：经济管理出版社，2023.7

ISBN 978-7-5096-9139-7

Ⅰ．①家… Ⅱ．①傅… Ⅲ．①家族—私营企业—企业管理—研究—中国 Ⅳ．①F279.245

中国国家版本馆 CIP 数据核字(2023)第 132061 号

组稿编辑：杜 菲
责任编辑：杜 菲
责任印制：张莉琼
责任校对：张晓燕

出版发行：经济管理出版社
（北京市海淀区北蜂窝 8 号中雅大厦 A 座 11 层 100038）
网 址：www.E-mp.com.cn
电 话：（010）51915602
印 刷：唐山玺诚印务有限公司
经 销：新华书店
开 本：720mm×1000mm/16
印 张：11.5
字 数：160 千字
版 次：2023 年 7 月第 1 版 2023 年 7 月第 1 次印刷
书 号：ISBN 978-7-5096-9139-7
定 价：78.00 元

前言

改革开放45年来，中国经济实现了较快发展，其中非公有制形式的家族企业发挥了举足轻重的作用。一些家族企业占绝大部分比例的沿海省份，依靠企业主的创业精神形成了家族企业区域产业集群，成为中国最具增长潜力的地区。然而，中国家族企业的增长方式远非创新驱动，更多的还是依赖于低成本和大市场容量。当下中国经济已到达一个转折点，资金、人工、原材料和运输等成本较快增长，企业利润空间被严重压缩，盈利额的增长难以抵消成本的增长。数据显示，中国许多非公有制企业正处于停滞和衰退的边缘。更为严峻的是，中国多数一代企业家们纷纷步入花甲之年，交接班迫在眉睫，中国家族企业能否实现可持续发展成为当下刻不容缓的研究课题。

公司创业能够帮助企业保持生存、提高利润、助力成长，这不仅是40年前德鲁克的理论观点，也是近年来国内外许多企业破茧重生、转型发展走出来的实践之路。然而家族企业和非家族企业相比，常被诟病为“保守”与“富则思安”的代表，上述“病症”的根源是“家族”的涉入，“家族”这个带有情感属性的系统，影响着家族企业的多数行为决策，如何成功实现家族企业公司创业，一直是摆在学术界和实务界面前的一道难题。一方面，西方已有的理论研究虽然勾勒了家族企业公司创业的某些特性及其给企业带来的竞争优势，但对于家族涉入影响公司创业机理的研究仍显不足，并且现有的研究结论还存在一定的分歧；另一方面，西方发达国家的家族企业大多已经传承到了三五代之后，而中国的家族企业都很年轻，普遍处于第一代向第二代交班的过程中，加之经济环境的特殊发展背景，亟须中国学者通过对家族企业公司创业理论的研究，填补该领域系统性研究的空白，同时，为中国家族企业可持续发展提供经验启示。

本书以全中国范围内抽样调查的家族企业为样本，研究以下两个基本问题：①为什么有的家族企业相比于其他家族企业更加倾向于选择公司创业？②家族企业公司创业何以成功？为了深入探析这两个问题，首先通过国内外文献的系统梳理，厘清企业公司创业的研究发展、维度变化，归纳其测量方法，梳理总结家族企业公司创业的既有研究，为中国家族企业公司创业的研究工作寻找理论依据。在此基础上，本书开展了四个相关的子研究。

子研究一（第三章）聚焦考察中国家族企业海归二代这一独特的群体，研究结果表明，家族企业拥有海归二代时，其与家族所有权的交互效应能够显著促进公司创业；而且在海归二代群体中，在海外时间更长的二代促进家族企业公司创业的效应更显著。上述结果说明，海归二代会显著加强家族所有权与企业公司创业的关系，这为解释“为什么有的家族企业更加倾向于选择公司创业”提供了新的不同于西方的情境因素，调和了过往研究中家族所有权与公司创业之间的矛盾关系。

子研究二（第四章）探究了家族承诺与企业公司创业的作用关系，研究结果显示，高家族承诺对家族企业公司创业具有显著促进作用，而且家族企业长期导向在家族承诺与企业公司创业之间起中介作用；环境不确定性会调节企业长期导向与公司创业之间的关系，并且在家族承诺影响公司创业的过程中，企业长期导向与环境不确定性构成了被调节的中介效应，亦即环境不确定性较高时，通过长期导向所传导的家族承诺对公司创业的间接影响较强。子研究二回答了“家族承诺是否有利于家族企业创业”的问题，不仅揭示了家庭成员之间的良性互动对于家族企业创新创业的积极作用，而且子研究二作为从家族意愿视角出发的研究，为理解“家族企业支持或抑制公司创业”进一步提供了理论研究依据，为家族企业行为决策异质性提供了实证经验支撑。

子研究三（第五章）采用纵向案例研究方法，选取中国家族企业公司创业实践的标杆——方太集团为研究对象，以企业发展周期（时间维度）结合方太的实际情况，将方太公司创业的过程分为成立期、扩张期和成熟期，分析了其公司创业过程中的两个核心维度——家族涉入和机会识别方式的演变，展示了一个基于家族企业层面动态的公司创业长效路径。研究发现方太公司创业的成功最关键得益于两点：一是家族权力涉入在家族企业公司创业中逐渐减弱的演变；二是机会识别属于从被动搜索到主动搜索的过程演变。通过方太公司创业成功经验的研究，提出了对中国家族企业传承的借鉴启示。

子研究四（第六章）基于案例研究结果的启发，进一步考察了家族企业发展到一定阶段（以企业规模进行刻画）后，家族意愿和权力的涉入如何影响公司创业活动的成功实施，结果显示家族承诺越高的大型家族企业，其公司创业行为越显著；家族所有权越高的大型家族企业，其公司创业行为越沉寂，而且家族管理权越大，对公司创业形成的阻碍作用最直接。子研究四的结果验证了案例研究的部分成果，提供了一个“去家族化”的证据——公司创业“成功管理”的关键因素在于减少家族权力的涉入。

归纳地看，家族权力和意愿影响家族企业公司创业的结果如下：从权力的视角出发：①家族所有权并不直接影响家族企业公司创业；②家族管理权越高越不利于家族企业公司创业；③海归继承人涉入促进了家族所有权与公司创业的关系；④家族所有权程度越高，越不利于规模较大的家族企业进行公司创业。从意愿的视角出发：①家族承诺直接促进了公司创业；②家族承诺对于大规模家族企业促进公司创业行为所发挥的作用更加明显。

目　录

第一章 绪论

一、现实背景与问题提出

家族企业大多从事传统制造业或服务业，长期依靠低成本、低层次模仿而非创新驱动，导致市场竞争力不强和产业低端化等问题普遍存在。处于新发展时代背景下，大宗商品价格大幅攀升，大量家族企业的核心竞争优势还没有建立，却要面临更高的企业生存发展成本。总体来说，资金、人工、原材料和运输等成本较快增长，国际贸易形势不确定性增加，企业利润空间被压缩，盈利的增长难以抵消成本的增长。同时，过往企业行之有效的经营逻辑发生改变，导致大量的企业正在有意或无意、主动或被动地走上业务转型或数字化转型的道路。但是，转型绝非易事，导致企业界流传着这样一句话："转型是找死，不转型是等死。"上述提及的现实问题使大量企业客户流失、成本增长过快，造成了企业无法持续发展。家族企业能否持续，还涉及另一个严峻的现实问题——中国多数一代企业家步入花甲之年，交接班迫在眉睫，传承和转型叠加在一起（李秀娟和张燕，2017），使家族企业可持续发展被打上了问号。

家族企业该不该转型？怎么才能转型成功？在中国共产党第十九次全国代表大会报告中，中国政府提出“支持非民营企业发展”、“清理废除妨碍统一市场和公平竞争的各种规定和做法”等观点。在宏观层面，希望以家族企业为代表的民营经济发展的活力和创造力能再一次被充分激发。中华全国工商联合会与浙江大学在2014年、2015年连续两年开展的全国范围内的调查数据显示，非公有制企业中家族企业的比例接近95%，国内许多著名的企业如美的、新希望、娃哈哈等都是家族企业。众所周知，如果从历史数据来看，改革开放40多年来中国经济的高速发展，非公有制企业贡献巨大。据报道，截至2021年，中国非公有制企业已达4457.5万户。税收贡献超过50%，国民生产总值、固定资产投资、对外直接投资均超过60%，城镇就业超过80%，对新增就业贡献达到90%①。可以说，非公有制企业作为中国市场经济的微观主体，既是经济形势变化的感知者和被影响者，更是影响中国经济走向的重要力量。在建成富强民主社会主义现代化强国的奋斗目标下，中国政府特别号召要在全社会发扬创新、创业的“双创”精神，寄希望于非公有制企业以改革创新姿态，能够转型升级、提质增效。从这个角度来说，以创新创业来促进企业转型是中国政府给非公有制企业转型开出的一剂处方。

那么，中国的非公有制企业有没有创新创业的需求呢？通过公司创业再次发挥非公有制企业的企业家精神，中国非公有制企业不仅能在一定程度上实现转型可持续发展，而且还能配合解决企业传承的问题。当企业遇到以下三个方面的问题或困境时，就应该考虑公司创业（Kuratko & Welsch，2001）：首先是企业已经处于衰退和停滞的边缘，有改进、创新和获得市场份额的需求；其次是已经感知组织在现有的公司管理方法中存在较明显的弱点；最后是现有组织中官僚风气较重，有必要以创业的方式来扭转员工的心智。归纳来说，公司创业是旨在通过企业的系列创新创业活动，使企业具备前瞻性，并通过相应的风险承担行为追求新的市场机会

① 资料来源：http：//news.163.com/17/1022/07/D1BA5SH0000187VI.html。

的企业行为（Sciascia & Bettinelli，2013）。管理大师德鲁克（1989）指出，创新和企业家精神能够帮助企业保持生存、提高利润以及助力成长。公司创业方面研究者指出，公司创业改变业务领域或改造自身的过程，被认为是企业在突发环境变化下节约成本（Hornsby et al.，1993）以及企业复兴的重要出路（李志刚等，2012）。由此来看，以公司创业促进非公有制企业可持续发展不仅是“双创”背景下的宏观政策理论，而且蕴含着微观学术理论。

公司创业还能配合解决企业传承的问题。家族式的企业是当前中国非公有制企业的一种绝对主流企业形式，自改革开放以来，中国出现的非公有制企业大多是家族制的（杨学儒等，2017；栗战书，2003；王陆庄和陈凌，2006）。就此来说，研究中国非公有制企业转型可持续发展关键是研究家族企业的转型可持续发展，而家族企业可持续发展中的一项核心内容是传承接班。然而新闻媒体、学术机构的调查报告显示，“80后”、“90后”愿意接班家族企业不足四成，自己创业却是许多二代的一项职业选择（李新春等，2015）。如果家族企业公司创业是有知识和能力的二代在家族资源帮助下主导完成的（如方太集团），那么家族企业公司创业将极大地帮助二代在公司内权威的提升，让二代接班更顺畅，如此家族企业公司创业解决的可能不仅是企业可持续发展的问题，还是企业传承的问题。

虽然公司创业对于当下中国家族企业的发展有上述两项益处，可现实的问题是，家族企业常被诟病为“保守”与“富则思安”的代表（Lumpkin et al.，2010；Miller et al.，2008；张远飞等，2013），近年来，“家族企业倾向于追求社会情感财富”（Gómez-Mejía et al.，2007）这一命题的提出，主流的观点更加认为家族企业在此理论视角下抑制了其创新创业（朱沆和周影辉，2016）。进一步地，企业内部创业实际上本身并不是一项简单轻松的工作，德鲁克（1989）把企业的创业管理比作一项“新技术”，指出创业和创新不是自然的或自发性的，而是创业管理这项“技术”促成了企业在“态度、价值、行为”方面的一次重大转变。家族企业相比于一般企业，作为家族和企业两个系统的耦合体，启动和完成公司创业

“转变”不仅要考虑企业层面的问题，还要考虑结合家族层面的情况，这让家族企业公司创业的研究相较于非家族企业更为复杂。从上述分析可以看出，让偏向保守、追求社会情感财富的家族企业启动公司创业比非家族企业似乎更加困难。然而，最近家族企业方面的研究开始察觉，有些家族企业正在做出创新创业的努力（Carnes & Ireland，2013；Kellermanns et al.，2008，2012），而且“一不做，二不休”，研究显示家族企业一旦启动创新创业，由于它们所特有的企业文化、资源管理以及家族成员目标一致性，反而可能更加容易成功（Carnes & Ireland，2013；Zahra et al.，2004，2008）。家族企业公司创业正如俗语所说：“好的开始就等于成功了一半。”就此而言，如 Carnes 和 Ireland（2013）指出的，家族企业研究中以组织创新创业等相关变量作为因变量比企业绩效①更有意义。

Stevenson 和 Jarillo（1990）指出创业研究需要把握两个核心问题：一是创业的原因（The Causes of Entrepreneurship，Why Entrepreneurs Act）；二是创业的管理（Entrepreneurial Management，How Entrepreneurs Act）。本书在研究中国家族企业如何才能通过公司创业促进家族企业可持续发展的这一主题时，结合上述分析以及 Stevenson 和 Jarillo（1990）的理论观点，立足于研究中国家族企业公司创业的两个核心问题：①为什么有的家族企业相比于其他家族企业更会选择公司创业？②家族企业公司创业何以成功？

二、理论背景与研究问题

在理论界，对于家族企业究竟是支持公司创业还是抑制公司创业这一问题仍然存在很大的争议，没有达成一致的结论。以家族层面的家族所有

① 而且实际上 Bierwerth 等（2015）、Rauch 等（2009）的元分析研究显示，公司创业与企业绩效具有较稳定的正向促进关系。

权进行分析，从代理理论出发，有学者指出家族所有权水平越高，在家族目标利益一致性的情况下，家族企业能促进企业进军国内和国际新市场，进而促进企业创业行为（Zahra，2005）；但有的研究却发现，家族所有权越高，只有在属于家族独立股东（Lone Founder）控股情况下，上述目标利益一致性才会实现，否则，家族多股东间的冲突会抑制公司创业（Block，2012）。因此，以家族所有权考察家族企业是否支持公司创业时，上述问题得出了矛盾的结果。

从创业资源的角度出发，有的家族不仅能按照家族所有权涉入比例提供资金支持（Habbershon & Williams，1999），还能提供包括人力资本、财物生存力资本、社会资本等（Sirmon & Hitt，2003），成为家族企业公司创业的有形资源供给。而且一些家族企业所形成的管家企业文化（Davis et al.，2010；Zahra et al.，2008）还能成为家族企业公司创业的无形资源供给，这些有形和无形资源帮助家族企业公司创业提供了“氧气燃料”（Rogoff & Heck，2003），支持了家族企业公司创业（Lumpkin et al.，2011）。但又有学者指出，家族企业易追求稳定、限制外部资本进入企业（Miller et al.，2008），导致资源管理倾向保守停滞，它们的保守策略和对社会情感财富的追求使家族股东不愿意投入资源和获取其他投资者资源进行公司创业（Gallo，1995；Sirmon & Hitt，2003；朱沆和周影辉，2016），这使家族企业公司创业难以启动实施。因此，以资源观出发考察家族企业是否支持公司创业时，似乎必须结合企业情境进行考虑。

另外，如果说一般的企业对于公司创业决策的制定主要来自董事会和高层管理者同意，那么，家族企业中做出公司创业的决策还要家族内部的同意，如果家族内部意见不一致，很可能会产生家族矛盾，如兄弟反目、夫妻吵架等，此时即使家族企业有公司创业的资源实力，最终也会严重地影响公司创业，也就是说家族的意愿同样非常重要，这极大程度地影响着公司创业这项产出（Chrisman et al.，2015）。

管理学中若干理论的隐含假设常常认为，企业或企业家的意愿是伴随权力涉入出现的，得出这一理论并没有把权力和意愿相区分（Chrisman et al.，2015）。与创业学理论研究不同的是，学者们一直以来对“创业意愿”，即对“为什么有的人是创业者”，“有的人会展现创业行为”等主题较为关注（Hao et al.，2009）。早期家族企业行为决策的研究出于直观和客观数据收集便利性考虑，常常考察的是所有权和管理权等家族权力涉入对家族企业行为的影响而较为忽视家族的意愿涉入维度（De Massis et al.，2014；Chrisman et al.，2015）。所谓家族权力涉入，是指家族决定分配、增加或处置公司资源的酌情选择权（De Massis et al.，2014），家族所有权和管理权是权力涉入的核心因素（Daspit et al.，2018）；而家族意愿，则用以形容家族在处理不同行为决策时的喜好倾向（De Massis et al.，2014）。目前家族企业正在从重视权力涉入的研究转向重视意愿的研究[①]。而家族企业公司创业研究所面临的现实情况往往是，家族涉入中具有较高的权力涉入但较低的意愿涉入（Chrisman et al.，2015），因此，对于家族企业公司创业驱动机制的研究，无论是从创业的视角还是从家族涉入的视角考虑，意愿都是需要分析的重要研究落脚点。

综合上述分析，本书结合最新的家族企业理论研究前沿，拟从两个方面来研究核心问题：①为什么有的家族企业相比于其他家族企业更会选择公司创业？②家族企业公司创业何以成功？

三、研究思路

对于第一个核心问题“为什么有的家族企业相比于其他家族企业更会选择公司创业”，首先，从家族权力涉入出发考虑情境尤其是中国情境的因素。实证研究中，产生矛盾的结果常常是对企业所处情境——组织产出结果造成

① 举例来说，最新的家族企业社会情感财富理论视角便属于家族意愿的范畴（Gómez-Mejía et al.，2007；Chrisman et al.，2015）。

影响的情形或环境中的威胁/机会因素的忽视造成的（Johns，2006，2017）。Wright 等（2014）、Zahra 等（2014）、Minola 等（2021）呼吁家族企业和创业领域的学者必须注重家族企业所处情境因素的影响。就"为什么有的家族企业更倾向于公司创业"这个问题，已经有一些学者从情境的角度展开分析。研究显示，家族企业公司创业受到企业内部异质性情境变量的影响，如战略计划是否周详（Kellermanns & Eddleston，2006）、家族凝聚力（Zahra，2012）、家族与企业的团结度（Eddleston et al.，2012）以及代际涉入（Chirico et al.，2011；Cruz & Nordqvist，2012）。

考察不同的家族企业异质性情境，发掘更多能够影响家族涉入与公司创业关系的调节变量，不仅对学术界认识家族企业公司创业具有理论意义（Chirico et al.，2011），而且能够对家族企业情境（Wright et al.，2014）以及创业情境的研究产生理论贡献（Zahra et al.，2014）。同时，近年来学者强调中国管理研究必须融入中国情境（郭重庆，2011），要真正进行探索性研究来发展中国管理的新构念和理论（徐淑英和吕力，2015），以发展中国的管理理论（Barney & Zhang，2009）。Li 等（2015）在阐述中国家族企业研究时特别强调："中国家族企业的研究要观察中国社会、文化、政治和经济情境与西方相比是否存在差异，如果是，要找到这些差异。"中国家族企业有没有不同于西方社会的情境差异？如果有，它们会对中国家族企业公司创业造成什么影响？

中国家族企业有许多不同于西方之处，代际涉入方面是最明显的表现之一。例如，因为计划生育政策，中国家族企业接班后代所能选择的资源池更小。又如，相比于西方的代际涉入辈数，目前中国的多数家族企业正处于第一代到第二代的传承接班过程中（Li et al.，2015）。在传承背景下，拥有海外学习或工作经历是已经接班或潜在接班①二代的重要特征。调查显示，家族企业有超过 80%的二代选择到国外受不同程度的教育，有 40%的已接班或潜在接班的家族企业二代具有海外学习或工作经历②。"海归"被视为高技

① 已经进入企业，但还未担任企业高层管理者职位。

② 详见胡润报告，http：//up. hurun. net/Humaz/201411/20141127183423220. pdf。

术、高知识、高素质的代名词，海归这一中国家族企业独特的情境因素值得国内学者深入分析。本书的子研究一试图通过考察海归这一独特的中国情境因素揭示家族所有权涉入对公司创业的影响。

其次，从家族意愿出发探究家族企业公司创业的驱动机制。过往的实证研究，或通过比较家族与非家族企业来研究企业公司创业的异同（Zahra et al.，2004），或拘泥于研究家族企业控制权/管理权等权力涉入对公司创业的影响，但家族控制企业的行为决策很大程度由家族的意愿决定（Dou et al.，2019）。虽然家族企业所有权比例高代表了拥有分配或处置公司资源的酌情选择权，但并不代表会进行公司创业。家族承诺是家族意愿最主要的预测指标之一（Chrisman et al.，2012；Dou et al.，2019；Klein et al.，2005）。研究表明，一方面，家族承诺（视为预测变量）会直接影响诸多家族企业行为决策，包括战略灵活性（Zahra et al.，2008）、非经济目标（Chrisman et al.，2012）、国际化（Segaro et al.，2014）、企业社会责任（Zhou，2014）；另一方面，不同层次的家族承诺（将家族承诺视为调节变量）还影响着家族企业的财务决策态度（Koropp et al.，2013）、创新绩效（Hatak et al.，2016）、前摄性环境战略（Dou et al.，2019）。从上述被解释变量来看，现有的研究多数聚焦于家族承诺对企业战略领域因变量的影响，而对于创新创业领域的因变量关注较少，家族承诺如何影响企业的创新创业行为还鲜有研究。因而，Zahra等（2008）在未来研究展望中开宗明义地提问，高家族承诺有利于家族企业创业吗？（Zahra et al.，2008）如果答案是肯定的，其影响的机制又是什么呢？本书的子研究二是从家族意愿视角出发探究家族承诺与公司创业的关系，进一步探究家族企业公司创业的形成机制。

对于家族企业公司创业研究的另一个核心问题是，家族企业公司创业何以成功？本书将结合最新的家族企业和创业理论研究前沿，拟以纵向案例分析的方式探究机会识别和家族涉入两方面在家族企业公司创业的演化规律，并进行大样本的实证检验。

通过实证研究，可以了解家族涉入下家族企业可能会在某个情形或节点，如有代际涉入情况（Kellermanns et al.，2008）、家族—企业连接紧密的情况（Eddleston et al.，2012）、家族凝聚力高的情况（Zahra，2012）、过往绩效不佳（Gómez-Mejía et al.，2007）时进行公司创业，上述实证研究从点的程度回答了家族企业公司创业“What”的问题，但同时阻碍了从面的宽度理解公司创业“How”的举措（Minola et al.，2016）。对于本书的核心问题“家族企业公司创业何以成功”，其属于“如何”的问题，案例研究是更为合适的方式（Yin，1994），并且案例研究方法有助于理解某一特定现象背后的动态复杂机制（Eisenhardt，1989）。就问题本身来说，能够促成企业公司创业成功的要素是一个非常庞杂的体系，可能涉及企业家个体、组织和组织间等多个不同的层面。但公司创业作为家族企业的一项创业行为欲成功，就如家族企业得以成功延续获得“基业长青”一样，需要抓住核心要素（窦军生和贾生华，2008）。

那么家族企业公司创业成功的核心要素是什么？一是机会识别。国内南开大学创业研究中心对于“创业”的定义是：“资源高度约束、不确定性强情境下针对机会的验证性、试错性、创新性的快速行动机制。”这个定义把创业机会放在了极高的位置，还有些学者则直接提出创业的核心就是创业机会（Shane & Venkataraman，2000；Suddaby et al.，2015；斯晓夫等，2016a）。形象地说，“创业机会对于整个创业过程或众多创业内容来说，就好像是一根线，创业内容则是不同的珠子。在创业过程中，创业机会这根线把不同的珠子串在一起，共同发挥作用”（斯晓夫等，2016b）。以识别、评估和开发创业机会为主线，是创业研究成为独立学术领域的基础（Shane & Venkataraman，2000）。而且 Aldrich 和 Cliff（2003）指出，家族企业只有识别了有价值且适合企业的机会后，才会表现出乐于投入资源进而来开发创业机会。从这个角度来说，家族企业公司创业的研究亟须以机会为分析线索，详细刻画公司创业的过程，找到家族企业公司创业成功的核心要素。

二是家族涉入。无论家族企业的哪一项决策行为都不能跳脱家族涉入来考虑，家族涉入是家族企业和非家族企业在行为决策上最根本的影响因素（Chrisman et al.，2004；杨学儒和李新春，2009）。家族涉入影响的不仅是家族企业实施公司创业的过程（Mckelvie et al.，2014），实际上家族涉入还直接影响着家族企业是否会进行公司创业。例如，一个家族企业正处于衰退期，但此时有家族后代的涉入，其进行公司创业的可能性更大（Hall et al.，2001），此时就如 Nordqvist 和 Melin（2010）所言的："家族企业公司创业不仅属于新的进入（创业活动），也属于新的退出。"

从现有研究来看，分析刻画家族企业公司创业过程的文献相当匮乏（Mckelvie et al.，2014）。在为数不多的过程研究文献中，Hall 等（2001）以家族涉入引起的组织文化变化为线索探讨了家族企业公司创业过程。李新春等（2008）通过对李锦记集团的个案研究，指出家族企业中的制度创新与文化创新在家族企业进行公司创业过程中起着根本的作用。Toledano 等（2010）通过对西班牙家族企业的比较案例研究指出，家族企业公司创业活动的出现是家族企业中员工间网络关系以及所有者—经理人员信任关系网络建立的过程。上述研究无论是组织文化，还是制度和网络，主要是从战略学视角结合家族涉入对公司创业过程的刻画，而缺少以创业学视角尤其是创业机会视角结合家族涉入对公司创业过程的刻画。鉴于上述分析，本书子研究三将以纵向案例分析的方式探究方太集团家族涉入和机会识别两方面在家族企业公司创业的演化规律，进而探究"家族企业公司创业何以成功"。

方太公司创业成功的本质是践行了"创业的管理成功"（Stevenson & Jarillo，1990），具体来说，方太的成立是前身"飞翔"集团发展到一定规模（年产值达到 1.5 亿元）进入衰退期后的选择，决定创办方太后，一方面在成立期茅氏家族意愿涉入较高，家族成员强烈的参与意愿为方太的启航提供了物质帮助；另一方面得益于其扩张期和成熟期过程中家族权力涉入的减弱或引入了职业经理人参与产品的研发等工作。上述因素是方太公司创业成功的关键因素。然而，案例分析取得的结论是否具有普适性，本书子研究四进行实证检验，具体来说，将从家族权力涉入和意愿涉入的角度审视随着家族企业规模的扩大二者对家族企业公司创业的成功实施的影响效应。

四、研究内容与研究框架

（一）研究内容

为了深化对家族企业公司创业驱动机制的理解，本书立足于上述理论背景与研究思路，分别从权力和意愿涉入角度开展研究，以期从理论上回答“为什么有的中国家族企业更倾向于选择公司创业”这一核心问题。

子研究一，以家族所有权涉入出发发掘中国家族企业的独特情境因素。

家族所有权会促进公司创业吗？Garcés－Galdeano 等（2016）、Zahra（2012，2003，2005）研究指出，家族所有权比例越高越会促进家族企业公司创业。但是，另外一些学者的研究结果却显示，家族所有权比例越高越会抑制家族企业公司创业行为（Block，2012；Short et al.，2009），此时家族企业的所有权便成了“冲突的肥沃地”（Harvey & Evans，1994），压制了企业公司的创业势头。实际上过去大量研究已显示，家族企业与公司创业的关系受到家族企业内部情境调节变量的影响，以家族所有权涉入为出发点，针对家族所有权与公司创业的关系不一致的研究现状，子研究一通过考察瞄准中国家族代际涉入的情境因素，即中国家族企业特色群体——海归二代以及海归二代在海外时间的调节作用，试图调和上述二者之间的矛盾，回答“为什么有的家族企业相比其他家族企业更会选择公司创业”的问题。

子研究二，以家族承诺（意愿涉入）出发探索家族涉入影响家族企业公司创业的内在机制。

家族控制企业的行为决策很大程度由家族的意愿决定（Dou et al.，2019），家族意愿甚至被称为是家族企业的“家族本质”（Family Essence）（Chrisman et al.，2012）。子研究二通过控制家族所有权，依托资源基础理论，探索家族承诺对家族企业公司创业的影响机制，并着重考察企业长期导向的中介作用与环境不确定性的调节作用。家族企业的创业活动相较于非家族企业更复杂（Hoy，2006），通过子研究二被调节中介效应的研究结果为“家族承诺为何会影响公司创业”这一问题确认了重要的解释机制和视角，而且确立家族承诺借由企业长期导向对公司创业发挥影响的边界条件。

总体来说，上述两个子研究从公司创业的形成驱动机制来看，分别凸显了个体层面（海归二代）、企业层面（长期导向）以及行业层面（环境不确定性）对公司创业的影响。换言之，本书对家族企业公司创业驱动因素的研究，囊括了不同层面的组织影响因素，并通过研究它们之间的相互作用机制为我们深刻理解影响家族企业选择公司创业的原因提供了参考。

子研究三，采用纵向案例研究方法，选取家族企业公司创业实践的标杆企业之一——方太集团为研究对象，通过把方太公司创业的过程分为成立期、成熟期、扩张期，分析其公司创业的过程，归纳不同阶段公司创业来自家族涉入因素和机会识别方式的演变，试图构建动态的家族企业公司创业长效路径，以试图回答“为什么有的家族企业比其他的家族企业在公司创业上更成功”的问题。同时，结合方太集团所取得的公司创业绩效，提供家族企业创业接班的启示，以此为我国家族企业实现转型升级和代际可持续发展提供一定的借鉴和参考。子研究三的结论为家族保持高意愿涉入、权力保持减弱的涉入有助于家族企业公司创业更加成功。

子研究四，通过对家族企业形成一定规模后的公司创业情况的实证检验，重点考察上述观点是否成立，结果显示案例研究的结论在大样本实证检验中亦成立。由此通过案例研究和实证检验，本书从家族权力和意愿涉入出发得出了“为何有的家族企业在公司创业上更成功”问题的普适性结论，深化了研究问题“公司创业如何管理”的结论效度。

（二）研究框架

驱动家族企业公司创业既包含企业生存转型、提质增效的因素，也包含家族传承接班的需求，家族涉入对家族企业公司创业的决策和运行过程与非家族企业存在明显差异，给家族企业公司创业的驱动机制研究带来了一定的挑战。本书紧密结合中国家族企业的现实情况，从个体、家族、企业三个层次即重点关注家族涉入、家族企业典型特征、环境特征三因素，围绕“为什么有的家族企业选择公司创业”、“家族企业公司创业如何能够成功”两个核心问题，试图探究影响中国家族企业公司创业的启动机制和长效发展过程。从相关理论基础和调查出发，通过现有理论的空缺开展四个子研究，以期对中国家族企业的公司创业活动进行深刻理解，同时了解内在的深层次机制，为推动家族企业主动创新创业提供思路和策略方面的建议。本书技术路线如图 1-1 所示。

本书由七章组成，具体安排如下：

第一章为绪论，主要对本书的总体情况做简要说明，主要包括研究问题、研究内容、研究框架和主要创新点。

第二章为文献综述，主要对公司创业与家族企业的文献做出汇总梳理，详细梳理公司创业的历史视角、维度变化、实证测量对家族涉入、家族企业公司创业的研究现状和研究不足进行分析，从发展中国管理理论和发展管理中国理论两个方面提出家族企业公司创业的研究展望。

第三章以家族权力涉入为出发点，结合中国情境，考察中国家族企业特色群体——海归二代的调节作用，试图调和家族所有权与公司创业的现有研究矛盾，回答“为什么有的家族企业相比其他家族企业更加倾向于选择公司创业”的问题。

第四章以家族意愿涉入为出发点，基于资源基础理论和创业机会的相关观点，探讨家族承诺对家族企业公司创业的作用机制，并着重考察企业长期导向的中介作用与环境不确定性的调节作用，进一步回答家族企业选择公司创业的原因。

第五章采用纵向案例研究方法，选取家族企业公司创业实践的标杆——方太集团为研究对象，分析其公司创业的过程，归纳不同阶段公司创业来自家族涉入因素和机会识别方式的演变，构建动态的家族企业公司创业长效路径，同时结合方太集团所取得的公司创业绩效，提供家族企业创业接班的启示。

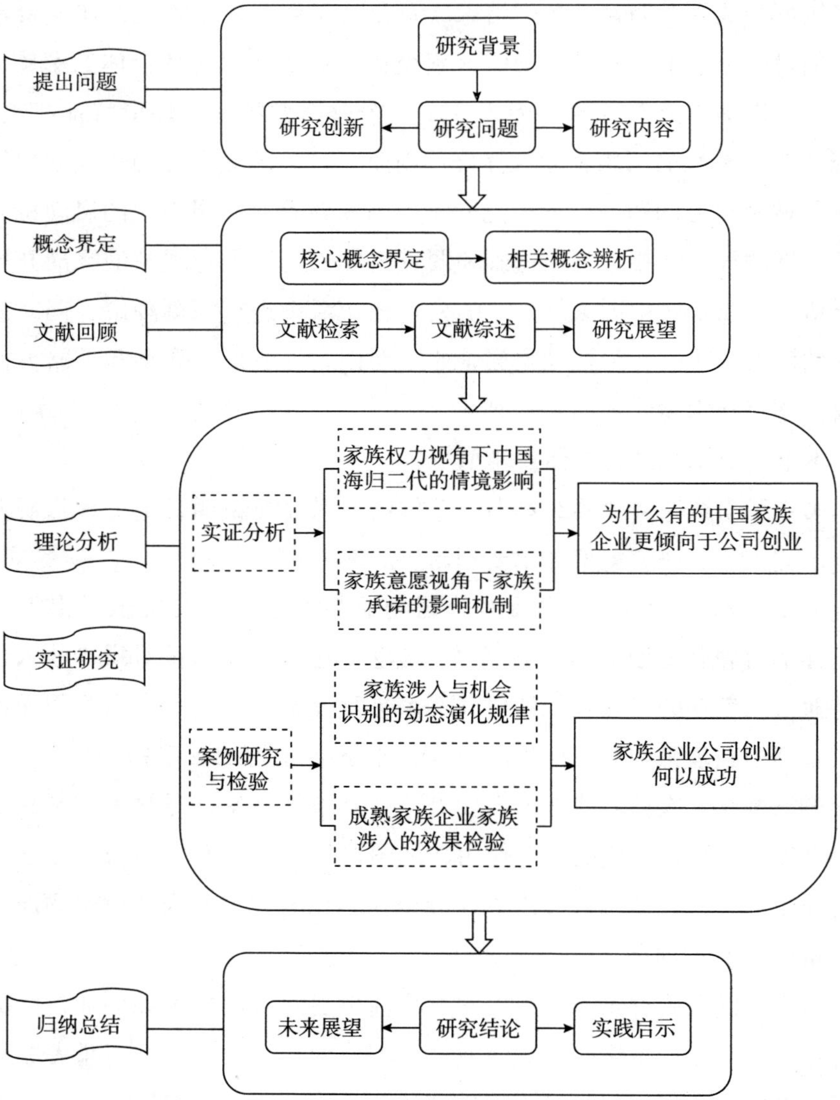

图 1-1　本书技术路线

第六章考察家族企业发展到一定阶段（以企业规模增长进行刻画）后，家族意愿和权力的涉入如何影响公司创业活动的成功实施，本章的研究是对第五章案例研究部分结果的实证检验。

第七章为研究总结与未来展望。首先总结了研究的主要结论，其次具体分析这些结论的理论意义与实践意义，最后给出了研究存在的不足以及未来可能的方向。

五、研究创新点

家族企业公司创业对于学术界来说，是一个极其复杂性的研究问题。体现在以下几个方面：首先，不管是家族企业还是创业领域，都缺乏严谨的理论基础；其次，因为家族和企业逻辑的交叠，使家族企业公司创业所要考虑的影响因素比非家族企业多，而且多的这个因素——“家族涉入”，是非常权变的因素，它既可能是“助燃公司创业的氧气”（Rogoff & Heck，2003），也可能是一片阻碍公司创业家族成员的“冲突沃土”（Harvey & Evans，1994）。当然，上述这些为本书研究提出严峻挑战的同时，也为研究的创新留下了较大的空间。为此，在借鉴国内外相关研究的基础上，结合中国典型家族企业的案例素材和全国工商联合会联合浙江大学于2014年、2015年在全国范围内非公有制企业的调研数据，主要以资源基础理论和创业机会的相关观点为理论支撑，系统地围绕“为什么有的家族企业更倾向于选择公司创业”和“家族企业公司创业何以成功”两个基本问题开展研究，内容涉及代际涉入的情境因素、家族意愿涉入的影响机制、家族涉入和机会识别方式的动态演化规律等理论问题，本书的研究结果有助于拓展家族企业公司创业研究的理论边界。本书所产生的主要创新点如下：

（一）关于中国情境因素

通过聚焦考察中国家族企业海归二代这一独特的群体，研究结果表明，家族企业拥有海归二代时，其与家族所有权的交互效应能够显著促进公司创业；而且在海归二代群体中，在海外时间更长的二代促进家族企业公司创业的效应更显著。上述结果说明，海归二代会显著加强家族所有权与企业公司创业的关系，一方面，这为解释“为什么有的家族企业更加倾向于选择公司创业”提供了新的情境因素，调和了过往研究中家族所有权与公司创业之间的矛盾关系。另一方面，子研究一中的实证结果显示，中国家族企业中普通意义上的代际涉入不足以影响家族企业中所有权与公司创业的关系。这一结果为家族企业代际涉入产生了新的理论视角。从这个结果的角度来说，如果对中国的家族企业分类，本书的结果一定程度可确立中国的家族企业存在有海归二代的家族企业与无海归二代的家族企业两种类型。

（二）关于家族意愿的影响机制

过往的实证，通过比较家族企业与非家族企业来研究企业公司创业的异同或拘泥于研究家族企业所有权或管理权等权力涉入对企业公司创业的影响，在一定程度上忽视了家族企业之间的异质性，尤其是家族企业之间家族意愿异质性对家族企业行为决策的影响（Chrisman et al.，2015）。本书在现有研究的基础上，探究了家族承诺与企业公司创业的作用关系，研究结果显示高家族承诺的家族企业对家族企业公司创业具有促进作用。而且子研究四的结果显示，家族意愿涉入对大型家族企业公司创业形成了正向的调节作用。本书的研究回答了 Zahra 等（2008）所提出的“家族承诺是否有利于家族企业创业”的问题，揭示了家庭成员之间的良性互动对于家族企业创新创业的积极作用，推进了家族意愿涉入对于家族企业创新创业的研究。家族企业的任何理论都应该描述为什么家族企业是异质性的以及它的独特性是如何构建的（Klein et al.，2005；Chrisman et al.，2012），本书的研究结果说明，有些家族企业选择进行公司创业的原因是具备了较高的家族承诺，这为更好地理解家族企业异质性提供了经验支撑。

此外，本书研究发现家族企业长期导向在家族承诺与企业公司创业之间起到中介作用，即基于资源基础理论的研究分析结果阐述了家—企之间纽带关系对家族企业公司创业的作用机制，这能在一定程度上帮助理解为什么有的家族企业能从事公司创业（Minola et al.，2016）；而环境不确定性会调节企业长期导向与公司创业之间的关系，并且在家族承诺影响公司创业的过程中，企业长期导向与环境不确定性构成了被调节的中介效应，即环境不确定性较高时，通过长期导向所传导的家族承诺对公司创业的间接影响较强。就此而言，本书的实证研究结果对于理解创业学者所提出的"基于发现型机会的创业活动本质来说就是一种短期资源的竞争，而基于创造型机会的创业活动更强调企业价值观竞争"（Sarasvathy et al.，2010）的观点有一定的借鉴意义。

（三）关于公司创业的长效路径

现有文献对公司创业已经有较多的研究，但对家族企业情境下的公司创业，尤其是公司创业过程的研究相当匮乏（Mckelvie et al.，2014；Minola et al.，2016a），而且现有理论在解释家族企业公司创业上通过少数静态的因果研究，让我们了解家族企业可能会在某个时间节点，如有代际涉入（Kellermanns et al.，2008）情况或过去绩效不佳（Gómez-Mejía et al.，2007）的情况下家族企业会进行公司创业，但现有研究还少有从动态发展的视角来剖析家族企业公司创业，这导致了我们往往只能从点的程度了解公司创业"What"和"When"的问题，而阻碍了从面的深度理解公司创业"How"的举措。

本书通过对一家中国典型家族企业纵向案例研究，探讨了在家族企业公司创业过程中家族涉入、机会识别和公司创业的演化规律。具体来说有三个发现：首先，家族涉入在家族企业公司创业中的演变呈现逐渐减弱的趋势，这种减弱主要体现在能力上的减弱，更具体来说，是家族管理权的减弱。其次，机会识别在家族企业公司创业过程中是被动搜索到主动搜索的过程。最后，通过研究，本书发现家族涉入、机会识别与公司创业形成以下动态路径：在家族企业公司创业的成立期，当家族意愿和家族管理权涉入均较高时，有利于家族企业摆脱旧有企业业务从事被动搜索而进行公司创业；在家族企业公司创业的扩张期和成熟期，当家族管理权涉入较低时，有利于家族企业从事主动搜索而进行公司创业。一方面，以动态的视角看待家族企业公司创业，探索了家族涉入在公司创业过程中的变化与作用。通过研究家族企业公司创业各阶段的家族涉入情况，了解了不同公司创业时间段家族涉入对企业公司创业的影响情况，为我们理解家族企业的异质性（Chua et al.，2012；Daspit et al.，2018）提供了更为完整的、加入了企业发展周期维度的考量。这一部分的案例研究发现，家族权力涉入的动态演化情况得到了子研究四的实证检验支持，也就是说家族管理权越高对公司创业越不利，家族所有权越高对大型家族企业公司创业越不利。另一方面，通过刻画方太家族企业公司创业过程中机会的识别和利用方式，验证了创业机会来源的不同路径（斯晓夫等，2016a），推动了公司创业活动中机会识别的研究，让我们能更好地理解公司创业中机会的识别和利用过程（Zahra et al.，2014）。本书第六章的相关实证结果检验了上述有利于家族企业公司创业的长效路径。

第二章
文献综述

一、公司创业

“公司创业”一词由 Burgelman（1984）最先提出，这一术语本身看上去似乎是“矛盾的修辞”（Oxymoronic），事实上在该领域的学术研究发展历程中应验了 Burgelman 的预见，其内涵发生了演进（Kuratko & Morris，2018），维度存在进阶（魏江等，2009）。本章结合创业学、战略学的发展以及以美国为主导的全球社会经济发展，梳理这些年来公司创业的研究历史、维度的变化、测量方式，以使读者更好地理解公司创业。

（一）历史视角

公司创业概念的出现，是 Westfall（1969）在《美国管理学会》（AMJ）杂志上首先[①]提出的，创业属于已成立企业的职责范围，是组织内

① Zahra 等（2000）以及魏江等（2009）提出 Peterson 和 Berger（1971）发表在《管理科学（季刊）》（ASQ）上的一篇研究流行音乐产业环境动荡性对企业影响的论文为公司创业领域的奠基之作，此观点有待商榷。

不平衡的信息流、短缺的管理资源等因素对公司创业的妨碍以及刺激公司创业的相应举措。Peterson 和 Berger（1971）在《管理科学（季刊）》（ASQ）上发表了一篇研究流行音乐产业环境动荡性对企业创业影响的论文，想进一步通过“公司创业”的概念把全新创业与已成立组织的创业行为区隔开来。众所周知，在 20 世纪 80 年代之前，创业研究的热点与重点在于研究创业者的特质，学者们从个体特质论的角度，强调探索为什么有的人能承担风险（Brockhaus，1980；Kihlstrom & Laffont，1979），以及为什么一些个体能成立企业实体（Timmons，1978；Vries，1977），总之创业的研究趋向于个体的层面。到 80 年代后期，美国的创业研究产生了从个体层面到企业层面的转向。创业者个人特质论在创业研究领域的“穷途”（Low & MacMillan，1988），让学者们逐渐发现创业者与非创业者之间在特质方面的差别并没有预想的那么突出，从性格特质上“找到谁是创业者”成了一个不容易完成的任务，提问“谁是创业者”甚至被 Gartner（1988）认为是一个错误的学术问题。而美国经济发展到 80 年代，“二战”后成立和大量崛起的组织变得庞大，企业一方面面临着精简与去官僚化的问题，另一方面科学技术的进步和外部环境的压力逐渐迫使企业需具备创业的精神（Dess et al.，1999），德鲁克于 1989 年所出版的《创新与企业家精神》一书也加剧了企业在创新和创业上的思考。换句话说，克服组织惯性和官僚化的侵蚀，解决新旧业务活动之间的种种冲突，善于从多个创业机会中选择适合成为未来战略内容的发展方向，是当时企业实践家非常关注的管理内容。因此，相比于个体或团队全新创业，如何打造企业内部的创业精神成为学者们逐渐关注的主题，如以 Miller 为首的研究者最早开始研究、判断哪些组织更有创业精神，哪些组织更加保守（Miller & Friesen，1982）。Miller（1983）提出了区分创业型企业和保守型企业的三个标准，或者说指出了创业型企业的三个关键特征，即风险承担性、主动性和创新性，但他当时并没有把三个维度归并为更高层次的概念。1989 年，Covin 和 Slevin 在一篇研究高绩效小企业在恶劣和良好环境下的战略差异的论文中沿用了 Miller（1983）的三个维度特征，提出了创业战略姿态的概念。

到了20世纪90年代，资本主义政治体制在冷战中获得胜利，全球化的进程加剧，美国许多企业试图在全球范围内投资或建立工厂（Busenitz et al.，2000；Kostova，1997），许多战略领域的学者们开始呼吁无论何种类型或规模的企业都应该具有公司创业导向（Lumpkin & Dess，1996），甚至应该在创业精神引领下去开拓国际市场成为国际公司创业企业（Oviatt & Mcdougall，1994）。时代的发展背景使公司创业被认为是组织层面创新能力和企业活力提升以及成功风险投资的重要手段和途径（Kuratko et al.，1990；Kuratko & Morris，2003）。根据Ireland等（2005）的文献研究发现，1988~1999年公司创业研究主题的数量是个体创业研究的两倍；Davidsson和Wiklund（2001）也有类似的发现，根据他们所认为的当时创业领域三本高水平杂志（ETP、JBV、ERD）的文章发表统计数据，个体层面的研究从26.6%下降到20.6%，而企业层面的研究则从26.6%上升到36.5%。

进入21世纪，Shane和Venkataraman（2000）明确提出，创业是有别于战略管理学的独立学科，创业的核心是创业机会，而且创业机会本身就是有利可图的。与此同时，经济环境发生了重大变化，技术环境尤其是因电子商务崛起的互联网经济催生了环境的高度不确定性，企业发现依靠既有的资源和能力不能持续保有竞争优势，这让企业和企业家们思考：如何才能保有行业的持续竞争优势？延续组织二元性的理念（March，1991）①，战略管理学者提出了“战略创业”的概念（Hitt et al.，2001），战略创业强调的是企业利用现有的资源去开发未来的机会。战略创业是企业对目前的主要业务的一种机会再探索，根据其概念内涵、生成机制、先后顺序等因素，多数学者认为战略创业属于公司创业的一种特定形式（Kuratko &

---

① March（1991）在探讨组织学习时提出，组织学习应具备利用和探索两种能力。利用能力包括从事效率、复制、选择和实施等活动。经由利用能力，组织把已有的知识成功复制于已有领域的经营活动，维系组织的可靠和稳定性。但在不确定环境下，仅仅有利用活动是不够的，由于顾客需求、利益相关方等的变化，焦点企业必须探索适应环境、市场的新能力。探索能力是指从事试验、柔性、冒险和创新等活动的能力。探索涉及新的组织结构，发现新技术、新事业、新流程等。

Morris，2018；Phan et al.，2009；戴维奇，2015），这部分内容将在公司创业维度划分中进一步体现。

（二）维度变化

戴维奇（2015）基于 Hirsch 和 Levin（1999）伞概念的四阶段演进模型，提出公司创业的概念经历了早期兴奋阶段和效度争议阶段，正处于分类澄清阶段。根据这一研究指导，接下来将更为详细地介绍公司创业概念所包含维度的变化情况。

1. 早期兴奋阶段

一个管理学概念在其发展的生命周期早期阶段，伞概念通过“倾城掠地”囊括了大量概念或要素，且因处于特定研究领域的核心位置而被广泛运用于理论与实证研究（Hirsch & Levin，1999）。研究者虽担心其内容过于庞杂而难逃崩溃的命运，但总体上还是看好大伞概念的发展潜力，为其不断注入新的内容。根据文献分析，在 20 世纪八九十年代，学者们向以公司创业为概念的载体大量注入了新的要素内容，包括战略更新（Guth & Ginsburg，1990），发展新产品或新市场（Jennings & Lumpkin，1989），培育创新（Baden-Fuller，1995），为未来企业的利润流获得知识（Mcgrath et al.，1994），国际化（Birkinshaw，1997），产品、流程或管理创新（Covin & Miles，1999），多元化（Burgelman，1991），个体观点赋予到组织集体（Lai & Patrick，1997），商业模式和领域重构（Covin & Slevin，1988）。

2. 效度争议阶段

Schendel（1990）指出，公司创业应包括企业内部风险投资和创新两大要素，而 Guth 和 Ginsberg（1990）将公司创业界定为涵盖公司风险投资和战略更新两个维度的概念。伴随要素和概念复杂度的增加，Jennings 和 Lumpking（1989）、Guth 和 Ginsberg（1990）均指出研究者对公司创业概念的内涵缺乏共识，应关注其内部一致性和效度，因此，Jennings 和 Young（1990）、Zahra（1991）开始从事实证方面的探索。

3. 分类澄清阶段

Sharma 和 Chrisman（1999）以及 Kuratko 和 Audretsch（2013）对公司创业维度的理论划分推动了公司创业的分类澄清工作。

（1）Sharma 和 Chrisman（1999）的维度分类工作。这两位作者提出，想要对公司创业有准确的理解，就不能不先讨论创业的概念。首先通过对“创业”定义的起源比较，创业定义可以归为两个类别：一是参考熊彼特的经典著作，创业核心是创新，一个创业者就是要创新性地整合，对产品、服务、市场、过程、供应商、组织形式进行创新；二是 Gartner（1985）的经典文献，创业的本质是一定要创造一个新的组织。然后，两位作者对于20世纪80年代到20世纪末的有关公司创业的文献中对“公司创业”的定义做了一番梳理和归类，公司创业在过往的文献中的主要表述包括 Corporate Entrepreneurship、Internal Corporate Entrepreneurship、Corporate Venturing、Intrapreneurship 以及 Strategic or Organizational Renewal。其中有许多含混不清或交叉重叠之处，作者通过抽丝剥茧，对公司创业有了比较明确的概念界定与分类。

首先，创业分为独立创业与公司创业，独立创业区分于公司创业，指个人或团队独立自主地进行创业（创立一个新组织）。其次，作者把公司创业（Corporate Entrepreneurship）继续分类，分为公司创立一个新的机构（Corporate Venturing）、战略更新（Strategic Renewal）以及创新（Innovation），也就是说，公司创业的核心维度包含上述三者其中之一即可算是公司创业。最后，作者把公司创立一个新的机构（Corporate Venturing）进行分类，认为可以包含内部创立新的机构（Internal Corporate Venturing）和外部创立新的机构（External Corporate Venturing），前者位于公司内部，可能是一个新的实体，也可能是一个新的部门；而后者则成立于公司外部，既可以是公司自己创立，也可以是通过并购或者分割（Spin-off）而来，但公司外部成立新机构一定具有自主权至少是半自主权。这样通过作者抽丝剥茧地分类分析，把公司创业的核心内涵较好地向读者进行了阐述与分类界定。具体如图 2-1 所示。

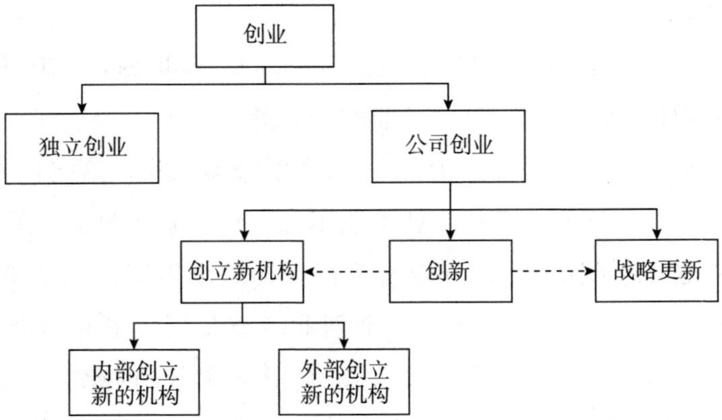

图 2-1　Sharma 和 Chrisman（1999）提出的公司创业的维度分类

（2）Kuratko 和 Audretsch（2013）的维度分类工作。作者对于公司创业的维度分类如图 2-2 所示。具体来说，公司创业分为创立新机构和战略创业两个维度。创立新机构包含创立内部新机构、创立外部新机构，也可以是与合作者共同创立新机构；战略创业分为战略更新、持续再造、事业领域再定义、组织年轻化、商业模式重建。

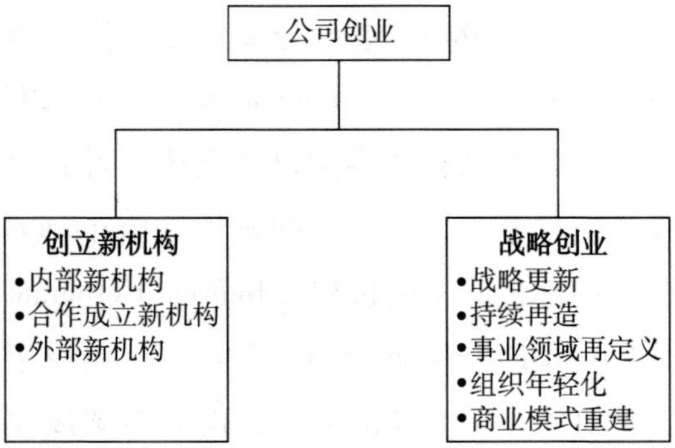

图 2-2　Kuratko 和 Audretsch（2013）提出的公司创业的维度分类

比较地看，对于公司创业的维度澄清，Sharma 和 Chrisman（1999）的工作得到了绝大多数学者的认可，其文章在谷歌学术的引用次数高达 1650

次。Kuratko 和 Audretsch（2013）引入战略创业对公司创业进行维度划分，本质上说，是用了一个新的待维度澄清的概念（战略创业）试图去刻画旧的待维度澄清的概念（公司创业），而且实际上仔细观察他们的战略创业中囊括的维度内容，大部分是公司创业在早期兴奋阶段所囊括的要素。此外，战略创业的学术地位本身的合法性尚处于争议阶段，如有的学者不同意整合战略和创业（Shane & Venkataraman，2001），还有的学者不认为“战略创业”能够作为一个概念而存在，战略创业更像一个领域[①]。因此就现阶段的情况来看，Sharma 和 Chrisman（1999）的分类澄清工作无论是在清晰程度方面还是在促进公司创业发展方面，都得到了较为广泛的认可。

（三）实证测量

本书对于公司创业的测量，以文献搜索的方式做了详细的梳理。具体来说，分类检索了创业领域比较公认的顶级期刊《企业创业学》（JBV）、《创业理论与实践》（ETP）、《战略创业》（SEJ）、《中小企业管理》（JSBM），以及管理学领域比较公认的顶级期刊《美国管理学（季刊）》（ASQ）、《美国管理学会》（AMJ）、《战略管理》（SMJ）、《管理》（JOM），旨在从上述文献资料中搜索对于“公司创业”主题的发表情况。利用谷歌学术在关键词检索中输入“corporate entrepreneurship”，分别限定上述期刊，得到表 2-1 中对于公司创业研究实证文章的检索结果。

从表 2-1 可以看出，对于公司创业的测量来源主要有两个分支：一是 Miller 和 Friesen（1982）及 Miller（1983）的测量方式，主要测量企业的创新性、风险承担以及主动性，具有代表性的包括 Jennings 和 Lumpkin（1989）、Zahra 和 Covin（1995）、Borch 等（1999）、Barringer 和 Bluedorn（1999）等。二是以 Zahra（1996）发表在 AMJ 的文章为代表的测量方式，

---

① 这一观点是笔者向 James Combs 请教的对战略创业的看法。James Combs 曾任 AMJ 期刊副主编，AOM 会议创业分部主席。

主要测量企业的创新性、战略更新以及创立新的机构[①]，具有代表性的包括 Zahra（1993）、Zahra（1996）、Zahra 等（2000）、Ling 等（2008）、Chen 和 Nadkarni（2016）的研究。

表 2-1 公司创业在世界顶级期刊测量方式的汇总

作者	期刊	测量方式	是否家族企业样本
Jennings 和 Lumpkin（1989）	JOM	基于 Miller 和 Friesen（1982）的 7 个题项	否
Zahra（1991）	JBV	包括基于 Miller（1983）的总体量表（9 个题项）、新产品线/商业线产生的销售额、外部新机构的成立情况	否
Zahra（1993）	JBV	聚焦于企业创立新机构（5 个题项）、产品创新（5 个题项）和自我更新（13 个题项）	否
Zahra（1995）	JBV	测量企业创新（8 个题项）和创立新机构（3 个题项）	否
Zahra 和 Covin（1995）	JBV	基于 Miller 和 Friesen（1982）的 7 个题项	否
Zahra（1996）	AMJ	测量企业的创新、创立新机构和组织更新（14 个题项）	否
Barrett 和 Weinstein（1998）	ETP	基于 Covin 和 Slevin（1989）测量战略姿态的 9 个题项	否
Barringer 和 Bluedorn（1999）	SMJ	基于 Miller（1983）、Covin 和 Slevin（1986）测量企业创新性、风险承担和主动性的 9 个题项	否
Borch 等（1999）	ETP	包括战略姿态及基于 Covin 和 Slevin（1991）的测量方式	否
Zahra 等（2000）	JOM	包括测量企业创新（产品、流程、组织）的 13 个题项、基于 Miller（1983）及创立新机构（国内和国际）的 9 个题项	否
Zahra 和 Garvis（2000）	JBV	基于 Miller（1983）的 7 个题项	否
Zahra 等（2004）	ETP	基于 Miller（1983）的 7 个题项	是

① 从文章的发表顺序可以看出，Sharma 和 Chrisman（1999）的文章主要是参考使用了 Zahra（1993，1996）对于公司创业实证测量的思路而对公司创业进行维度划分。

续表

作者	期刊	测量方式	是否家族企业样本
Kellermanns 和 Eddleston（2006）	ETP	基于 Miller（1983）的 7 个题项	是
Yiu 和 Lau（2008）	ETP	基于 Zahra 等（2000）测量企业创新和创立新机构的 22 个题项	否
Ling 等（2008）	AMJ	基于 Zahra（1996）的 16 个题项	否
Simsek 和 Heavey（2011）	SEJ	基于 Zahra（1996）及 Simsek 和 Heavey（2011）的 17 个题项	否
Eddleston 等（2012）	ETP	基于 Barringer 和 Bluedorn（1999）测量企业的创新性、风险承担和主动性	是
Naldi 等（2015）	JSBM	测量企业层次的国际化公司创业，使用企业国际化的相关数据	否
Chen 和 Nadkarni（2016）	ASQ	基于 Zahra（1996）的 16 个题项	否
Burgers 和 Covin（2016）	SMJ	基于 Zahra（1996）16 个题项中的 14 个	否
Bojica（2017）	JSBM	基于 Zahra（1993）的 9 个题项，包括创新和组织更新	否
Boone 等（2019）	SMJ	利用二手数据：公司年度内独特的技术——国家采购模式组合的数量	否
Sakhdari 等（2023）	JSBM	基于 Burgers 和 Covin（2016）、Simsek 和 Heavey（2011）的 15 个题项	否

Jennings 和 Lumpkin（1989）实证测量公司创业采用的是以 Miller 和 Friesen（1982）的研究为基础思路，即如本书在公司创业研究历史中所述，是以 Miller 为首的学者希望研究判断哪些组织是更加创业的、哪些组织是更加保守的。Zahra（1993）用创立新机构、产品创新和自我更新三个维度并列举题项测量公司创业（后来的学者会选择性地挑选其中的题项进行公司创业测量）。

Zahra 是公司创业研究的核心学者（尤其在实证研究文章方面），但不能否认的是，他对于公司创业的测量方式选择是迂回和依情境而定的。在其最早（1991 年）的公司创业的文章中试图探索企业内外部方面对于公司创业的影响因素，其中统领性的测量量表是基于 Miller（1983）的文章。

后来在其后续的文章中，根据不同的研究主题和所研究的企业类型，有不同的选择。例如，对于研究企业的国际公司创业，使用了基于 Miller（1983）的 7 个题项进行测量（Zahra & Garvis，2000）；对于家族企业这种企业类型，也应用了基于 Miller（1983）的 7 个题项（Zahra et al.，2004）。而且，Zahra 等（2000）以及 Zahra 和 Covin（1995）的文章均利用了 Miller（1983）及 Miller 和 Friesen（1982）的文章研究企业的创新性。

因此，从上述分析来看，公司创业实证研究的测量根源来自 Miller（1983）的文章。而且通过分析梳理发现，发表在高水平期刊上的关于家族企业公司创业的实证研究文献均是基于 Miller（1983）的测量，如表 2-1 中的 Zahra 等（2004）、Kellermanns 和 Eddleston（2006）、Eddleston 等（2012）。家族企业公司创业的实证测量基本均基于 Miller（1983）的测量方式，具体介绍将在表 2-3 中（归纳了国际上所有的家族企业公司创业实证研究）进一步体现。

家族企业的规模一般来说不大，很多家族企业的研究更多关注的是企业的创新性或战略更新，而且并不是所有的中小家族企业都存在创立新机构的实践，这些不是中小企业研究者特别关注的问题（Bojica，2017；Hughes & Mustafa，2017）。正如 Kellermanns 和 Eddleston（2006）所说：“我们认为，现在公司创业的测量包括其他方式如 Zahra（1996），但传统的和广泛使用的由 Miller 开发的测量公司创业的题项更能适应家族企业的研究背景，因为它涉及的问题更一般化，而且不需要大型组织来构成样本。”

（四）研究评述

公司创业研究先驱 Westfall（1969）指出：“在政府和工业界，人们越来越需要了解大型和复杂工业公司如何能够对社会和经济需求的日益迅速变化作出敏感的回应。在这个问题上，一个实用的措施是找到激发公司创业的方法，即促使公司建立新的、需求满足式（Need-satisfying）的企业。”也就是说，那时企业进行公司创业的一个主要目的是满足客户的需求，很多情况下市场处于有需求，但缺乏供给的状态（Kirzner，1973），大型企业进行公司创业要解决的是满足消费者需求的问题。学者们试图将公司创业与个体独立创立新企业进行较为明显的区分（Peterson & Berger, 1971），彼时研究的重点是企业中应该采取何种措施促进公司创业，同时尽可能避免妨碍公司创业的不利因素，此阶段公司创业的隐含假定是大型企业集团才会进行公司创业，如在 Westfall（1969）的文章摘要中便直接提出："我们要探索的是大型工业企业如何建立公司创业的企业职能。"创立新的机构是这一阶段公司创业的核心维度内容。

到了 20 世纪 80 年代中后期，"大企业病"在美国逐渐显现，学者们和实践者希望找到"大象也能跳舞[①]的秘诀"（Huff et al., 1992; Agarwal & Helfat, 2009）。从学术大方向来说，此时公司创业不仅仅是包含了创立新机构，公司的战略更新维度开始被实践者[②]和学者们所认识，组织战略更新是随着时间的推移完全需要的，因为组织的刚性和压力在增长，公司创业中战略更新的目的在于组织和其所面临的刚性和压力共同演进，即使不能完全克服它们，也必须对组织的长远愿景有积极的作用（Agarwal & Helfat, 2009; Huff et al., 1992）。

当然，创新也是"大象跳舞"的秘诀。早期公司创业的研究者主要是来自战略领域的学者，他们重视创立新的机构这一目标本身（但不关注创立的过程），重视战略更新但并没有把创新维度完全展示出来。创新的作用在公司创业中被突显，在于原先管理学领域专家将创业学的核心词汇引入到公司创业这个伞概念中（Zahra et al., 2014）。德鲁克（1985）在《创新与企业家精神》中提到："当今的企业，除非具备了创业能力，否则很难在这个变化莫测和充满创新的时代中继续生存下去。"作者并不认为创业精神是大公司的"专利"，他先知性地指出包括中小企业在内[③]的一切

① 《谁说大象不能跳舞》是作者郭士纳掌管 IBM 公司后的经历，阐述了这位前总裁在 IBM 这个庞大组织为公司扭转困局所做的各种决策。

② 除上述提到的郭士纳外，被誉为美国最伟大的 CEO 的前美国通用电气公司的杰克·韦尔奇的最主要功绩来自其对通用电气的战略更新。

③ 从论文发表情况来看，当下关于公司创业的研究，以大型组织作为研究样本的并不多，相反，中小企业和家族企业的研究样本在逐渐上升。

企业都必须时刻保持创业精神，而且这种创业精神与创新不可分割，德鲁克研究创新的视角和熊彼特不同，如果说熊彼特偏向于从经济发展或增长的逻辑研究创新，德鲁克则主要从社会演变的逻辑研究创新和创新的机会。而 Miller 在思考具有创业精神的企业存在何种特征（Miller & Friesen，1982；Miller，1983），认为企业创业精神的核心属性是创新和风险承担。

公司创业在一些读者看来常常产生困惑，“公司既然已经成立了，为什么还要创业”？但在公司创业经历了 20 世纪七八十年代的研究发展后，结合当时的时代变化，学者们又觉得这个名称有其存在的合理性（Burgelman，1984）。在公司创业概念的早期兴奋阶段，诸多学者所包括进去的内容繁杂，造成公司创业概念维度分类澄清的工作并不容易完成；在维度分类澄清阶段，“战略创业”的学者借用了“公司创业”的维度内容，根据先后顺序、概念内涵，大多数学者认同战略创业的众多内容属于公司创业的子集，具体分析可以查看戴维奇（2015）的文章。但追根溯源，结合公司创业的历史研究演进，公司创业强调的是已经建立的企业有必要保持初创时期的创业精神，持续寻求环境变化中涌现的企业新机会。在此，本书对于公司创业的定义是：通过企业内部的系列创新创业活动，使企业具备前瞻性，并通过相应的风险承担行为追求新的市场机会。

二、家族涉入

早在家族企业领域专业期刊《家族企业杂志》（*Family Business Review*）的创刊词中，主编 Lansberg 等（1988）向研究者们问的一个关键问题便是：“什么是家族企业？”30 多年过去了，学术界对该问题的探索、研究和讨论还在持续，且迄今仍存在争议。虽然家族企业的概念界定存在争议，但以涉入要素法（Components-of-Involvement Approach）界定企业是否为家族企业是被普遍接受的观点。一般认为，由家族占有显著所有权并有家族成员涉入企业中即可被视为家族企业（Chirico et al.，2011；陈凌和王昊，2013）。当然，以所有权和代际涉入要素来考察家族企业，家族企业可分为不同的类型。例如，Salvato（2004）把家族企业分为三类，以创始人为核心的家族企业——此时创始人依然占有绝大多数企业所有权；后代维持的家族企业——此时家族第二代、第三代甚至更多代占有大多数企业所有权；公众家族企业——此时家族已经不占有绝对企业所有权。与此类似，Westhead 和 Howorth（2007）也依据所有权、管理权以及后代情况对西方家族企业进行了六种分类，分别为普通家族企业、后代家族企业、职业家族企业、职业与后代共有家族企业、过渡期的家族企业以及公众家族企业。

创业根植于经济学、管理学、心理学、社会学等众多学科，隶属跨学科研究课题。创业的研究自熊彼特以来，非常关注的问题之一是谁是创业者（即那个推动经济增长的“国王”）；问题之二则是创业者需要得到什么样的帮助以成功建立企业（Dyer & Handler，1994）。前一个问题在研究发展过程中被历史的潮流逐渐淡化；后一个问题则依然是学术界孜孜不倦努力探索的研究课题。

家族企业与创业存在一定联系，Dyer 和 Handler（1994）最早归纳家族企业与创业紧密联系的四个问题，包括：①企业家发家起源的早期创业经验；②家族涉入与企业创业活动；③家族成员成立新企业；④家庭成员继承参与企业经营。本书重点关注第②个问题，即家族涉入和支持家族企业创业活动。家族涉入要素繁多，根据现有的国内外研究框架，将家族涉入较好梳理的包括：Klein 等（2005）的框架，他们将家族涉入归纳为F-PEC，分别为权力涉入（Power）、经验涉入（Experience）和文化涉入（Culture）；De Massis 等（2014）以及 Chrisman 等（2015）的框架，他们将家族涉入分为权力涉入和意愿涉入；杨学儒和李新春（2009）的框架，他们建立了家族涉入指数，包括家族治理行为、组织管理行为以及家族意图；等等。结合上述三个框架本书把家族涉入分为权力涉入和意愿涉入两类。

（一）家族权力涉入

虽然 Klein 等（2005）和 De Massis 等（2014）所使用的表述权力涉入的英文单词不一样，但他们所要表达的定义是一样的。Klein 等对于权力涉入的定义是：通过家族持有的股份以及通过管理和/或治理使家族企业在运行中处于支配权力地位。De Massis 等把权力涉入定义为：家族决定分配、增加或处置公司资源的酌情选择权，这种选择的权力来源于家族所有权、家族治理结构（董事会结构）和家族管理权。

从本质上说，家族权力涉入对于家族企业行为的影响来自家族治理情况（所有权、管理权和治理结构）。事实上，不管是在何种类型的企业中，企业核心决策者均必须在公司治理中占据主导地位，才能将其使命或战略转化为组织的行为。决策者占据主导地位会形成主导联盟（Dominant Coalition）的集团属性，优势主导联盟包括企业所有者、高层管理者或高层管理团队（TMT）的治理网络（Cyert & March，1963）。治理网络不仅确保了决策者的目标转化为制定战略决策，而且促进了整个组织的决策传播。在家族企业中，主导联盟常指那些控制、管理和做出重大决策的家族成员。家族企业文献认为家族企业可能拥有不同于非家族企业的治理结构，这种治理结构之前被认为是落后的代表，但家族治理的吝啬主义、权威主义和特殊主义三种属性给家族控制式企业在一定程度上带来了竞争优势。吝啬主义能帮助家族企业在落后环境（如劳动密集型环境、低门槛行业）中产生帮助作用，权威主义和特殊主义能带来社会资本和投资机会。在一定程度上，家族企业的成功是依赖于家族处理争端的家族治理程序与结构（Olson et al.，2003）。

另外，家族治理是家族成员关于家族—企业之间关系的一组缔约，当所有权和管理权被家族成员紧紧控制时，个体化和简化的规则与启发式就可能用于规划战略决策和行动，此时家族企业中的利他主义乃至裙带关系便容易产生。在此情形下与之对应的是，职业经理人可能受到正式程序的限制，需要向家族董事会量化风险和回报来证明其决策的合理性。也就是说，在没有直接涉入家族管理团队的情形下，家族可能会限制某些企业行为（De Massis et al.，2014），此时的职业经理人的手脚可能会被束缚，家族高管之间如果缺乏信任很可能导致职业经理人“失灵”（李新春，2003），如此不仅会影响家族企业的战略决策制定，也同样影响着企业行为执行。总之，表征家族权力涉入的三个方面是家族所有权、管理权和家族治理结构。家族权力涉入使得他们拥有对家族企业目标、一系列战略的行动具有合法性权力，这种主导性的支配权在研究家族企业行为时不可能不进行考虑（Chrisman et al.，2015）。

（二）家族意愿涉入

家族企业的研究者在很早便注意到了家族意愿涉入对理解家族企业定义的重要性。Litz（1995）提出家族企业分类方法根据所有权和管理权构建的结构模型忽视了家族企业高层的意愿偏好（Aspirations），利用（Mintzberg 和 Waters（1985）对于战略隐性（Deliberate）和显性（Emergent）的区分，提出了基于意愿（Intention-Based）的家族企业分类方法。与之类似，Birley（2001）指出与传统的所有权和管理权结构分析模型相比，所有者/管理者态度对于描述和理解家族企业是更为有效的方法。Klein 等（2005）指出家族企业的定义存在“困境”，必须从三个方面考虑家族的影响，即权力、经验（由家族的“记忆”表征，可以简单理解为家族传承代数）、文化（由家族的价值观和承诺表征），文化维度是用来测量家族的所有者/管理者愿意参与到企业、贡献于企业的程度，这在一定程度上也可被视为家族的意向。总之，家族成员的认知是考察家族涉入企业的重要维度，家族意愿（意图）属于家族涉入指数的重要指标（李路路和朱斌，2014；杨学儒和李新春，2009）。

另一些学者认识到了家族意愿对家族企业行为的影响。Chua 等（1999）对家族企业的理论化定义进行了探讨，认为企业之所以成为家族企业是因为它的行为来自一定的意愿，这一意愿就是通过企业实现家族价值观、文化和更美好未来的愿望和理想。这种家族涉入相较于家族权力涉入，属于隐形的家族涉入，但会显著影响家族企业的行为（De Massis et al.，2014；李新春和任丽霞，2004）。

De Massis 等（2014）把家族意愿涉入的研究向前推进了一步，不仅指出家族意愿涉入，即家族在处理不同行为决策时的喜好倾向是家族行为产生的必要条件，而且指出了家族意愿的具体测量方式，如表 2-2 所示。他们认为可以主要从两个方面衡量家族意愿的涉入，即家族承诺和传承意愿，事实上家族承诺即家族成员对企业信念与目标支持、自身贡献企业以及与企业荣辱与共的程度，被一些学者认为是家族意愿最主要的预测指标之一（Dou et al.，2019；Chrisman et al.，2012；Klein et al.，2005）。家族承诺属于家族文化的一部分（Klein et al.，2005；Zahra et al.，2008；Segaro et al.，2014），其植根于家族成员的价值观（Chrisman et al.，2012）。传承意愿则主要显示了家族对于家族企业永续经营的意志，这种意志表现包括是否有交接班意愿、企业主的传承计划、内心候选人情况等。当企业主或管理者将企业视为家族企业时，可以合理假定，他们一方面更可能去注重家族的问题，另一方面会更加兼顾甚至完全考虑家庭成员的需要。Kotlar 和 Massis（2013）研究显示，有维持家族企业长期控制的家族企业的目标更加多样性，包括家族成员的认同、家族声誉的维持等。此外，家族所有者可能希望在追求非经济目标时，甚至愿意以牺牲经济目标为代价（Gomez-Mejia et al.，2007）。总之，家族意愿涉入是家族涉入的重要维度，它能通过价值取向影响家族企业行为（李新春和任丽霞，2004；Klein et al.，2005）。

表 2-2 家族意愿的测量

	变量	效应
家族承诺	家族对企业的承诺	+
	企业主对企业的承诺	+
	对投资时间的考虑	+

续表

	变量	效应
传承意愿方面	传承意愿	+
	家族的或企业主保持企业控制的意愿	+
	企业主有心目中的继承人	+
	放弃家族控制	-
	试图将家族企业上市	-
其他方面	企业主投入到家族企业中的财富比例	+
	保有社会情感财富	+
	家族成员的利他主义	+

资料来源：De Massis，A. V.，et al. Ability and willingness as sufficiency conditions for family-oriented particularistic behavior：Implications for theory and empirical studies. Journal of Small Business Management，2014，52（2），344-364.

三、家族企业公司创业研究

（一）经验研究汇总

家族企业创业研究可以分为低产出（2003 年之前）和高成长（2003 年至今）两个时间段，2003 年后的家族企业创业研究的高速发展与公司创业紧密相关（Fernández et al.，2016）。如公司创业维度变化所指出的，学术界对公司创业的维度划分并未形成一致意见。Guth 和 Ginsberg（1990）提出公司创业包含创立新机构和战略更新两个维度，Sharma 和 Chrisman（1999）在此基础上增加了创新的维度。Kuratko 和 Audretsch（2013）提出公司创业包含创立新机构和战略创业两个维度。Marchisio 等（2010）延续了 Guth 和 Ginsberg（1990）的观点，指出家族企业公司创业包含创立新机构和战略更新两个维度，其中创立新机构（Corporate Venturing）指在公司内部或外部创建新的商业机构。战略更新（Strategic Renewal）则反映了组织的业务或公司层面战略或结构的重大变化。本书借鉴 Marchisio 等（2010）对公司创业的分类，对于英文文献，采用 EBSCO 搜索引擎，以“corporate entrepreneurship”“corporate venturing”“strategic renewal”为关键词，并要求得到的搜索结果必须包含“family business”“family firm”；对于中文文献，采用中国知网搜索引擎，以“公司创业”“公司创立新机构”“战略更新”为主题词，同时包含“家族企业”进行中文文献检索。表 2-3 按时间排序展示了主要的 32 篇家族企业公司创业的经验研究（理论研究未放入）。

表 2-3　家族企业公司创业经验研究汇总

作者	将公司创业视为是企业的	主要变量	所聚焦的公司创业维度	文章类型	样本国家或地区
Hall 等（2001）	结果	家族文化	战略更新	案例	瑞典
Zahra 等（2004）	结果	文化导向、财务/战略控制	公司创业	定量	美国
Kellermanns 和 Eddelston（2006）	结果	变革意愿、技术机会感知、代际涉入	公司创业	定量	美国
Kellermanns 等（2008）	结果	CEO 年龄、CEO 任期、代际涉入	公司创业	定量	美国
李新春等（2008）	结果	制度创新、企业文化	公司创业	案例	李锦记集团
Marchisio 等（2010）	影响因素	家族凝聚力、家族成员	创立新机构	案例	意大利
Salvato 等（2010）	结果	创始人承诺、家族传承捍卫者	战略更新	案例	意大利
Toledano 等（2010）	结果	个体网络、家族网络	创立新机构	案例	西班牙
Wong 等（2010）	结果	家族控制、机构投资者	创立新机构	定量	中国台湾

续表

作者	将公司创业视为是企业的	主要变量	所聚焦的公司创业维度	文章类型	样本国家或地区
Eddleston 等（2012）	结果	决策综合性、人力资本、长期导向、家族—企业团结度	公司创业	定量	瑞士
Zahra（2012）	结果	组织学习、家族所有权、家族凝聚力	公司创业	定量	美国
陈文婷（2013）	结果	代际涉入、创业学习	公司创业（跨代创业）	定量	中国（调研数据）
刘佳和梁强（2013）	结果	代际涉入、沟通、共同愿景	公司创业（跨代创业）	案例	匹克集团
郭超（2013）	结果	代际涉入、价值观差异	公司创业（跨代创业）	定量	中国（上市公司数据）
杨学儒和李军（2013）	结果	家族涉入、职业经理人	公司创业	定量	中国（调研数据）
陈江等（2013）	结果、影响因素	家族成长、家族动力、政府动力	公司创业（组合创业）	案例	浙江振石控股集团
Mustafa（2015）	结果	组织支持（培训，开放的沟通）	公司创业	案例	马来西亚
吴炯和李保杰（2015）	结果	代际涉入、人力资本、政治关联	公司创业（跨代创业）	定量	中国（上市公司数据）
Calabrò 等（2016）	结果、影响因素	家族所有权、家族影响	创立新机构	定量	挪威
李新春等（2016）	结果	家族成员、权威合法性、制度环境	公司创业（组合创业）	定量	中国（上市公司数据）
吴炯和颜丝琪（2016）	结果	家族战略资源、家族支持、家族意愿	公司创业（跨代创业）	案例	中国 7 家家族企业
李新春等（2016）	结果	知识资源、价值观、社会资本、制度环境	公司创业（组合创业）	定量	中国（上市公司数据）
Fu 和 Si（2018）	结果	家族所有权、海归继承人	公司创业	定量	中国（调研数据）
王扬眉和叶仕峰（2018）	结果	家族信任、家族性资源	公司创业（组合创业）	案例	宁波夏厦齿轮公司
Sievinen 等（2019）	结果	所有者的影响	战略更新	案例	芬兰

续表

作者	将公司创业视为是企业的	主要变量	所聚焦的公司创业维度	文章类型	样本国家或地区
Lee（2019）	结果	家族/非家族高管、心理所有权、裙带关系	公司创业	定量	韩国
Kotlar 和 Sieger（2019）	结果	家族/非家族高管、董事会成员、高管收入	公司创业	定量	德国/瑞士
王晓婷等（2020）	结果	家族所有权、家族控制年龄	创立新机构	定量	中国（上市公司数据）
Prügl 和 Spitzley（2021）	结果	家族沟通、对家族身份认同	创立新机构	定量	德国
Ramírez-Pasillas 等（2021）	结果	代际涉入	创立新机构	案例	墨西哥
De Massis 等（2021）	结果	家族涉入、组织设计、机会实现	公司创业	定量	意大利
傅颖等（2021）	结果	家族所有权、长期导向、海归继承人	公司创业	定量	中国

公司创业研究的大范围流行始于 20 世纪 80 年代，90 年代后实证研究开始涌现。家族企业公司创业的研究开始于 21 世纪。第一篇家族企业公司创业的文章发表在 *Family Business Review* 杂志上，Hall（2001）介绍了以公司创业的方式进行家族企业变革。第一篇家族企业公司创业的国内研究源于李新春等（2008）对李锦记家族企业的研究，该文从制度和文化的角度分析了公司创业活动。21 世纪后家族企业公司创业一直是家族企业研究领域的热门话题，JSBM（《小企业管理》）和 JMS（《管理研究》）分别在 2017 年和 2019 年出版了家族企业公司创业的特刊。

（二）主要变量与研究内容

1. 家族企业研究中公司创业常被视为结果变量

32 篇文献中 28 篇将公司创业视为结果变量，2 篇文献既探讨其作为结果变量又探讨其作为前因变量的影响，1 篇文献以公司创业为影响因素探讨其对家族成员的作用。从研究方法看，12 篇文章采用案例研究方式，19 篇文章采用定量研究方式。细分到公司创业作为结果变量的研究中，3 篇文献专门研究对战略更新的作用，7 篇文献探讨创立新机构，其余 21 篇文献以公司创业作为整体考量。具体来说，Gudmudson 等（2003）、Kellermanns 等（2008）、Scholes 等（2010）、Zahra（2012）、王晓婷等（2020）探索了家族所有权对公司创业的影响；Danes 等（2007）、Scholes 等（2010）结合管理权和治理结构探讨了对家族企业公司创业的影响；Hall 等（2001）、Gudmudson 等（2003）研究了家族企业的文化对于企业创新的影响；Ramírez-Pasillas 等（2021）、De Massis 等（2021）、Marchisio 等（2010）、Kellermanns 等（2008）、Danes 等（2007）分析了家族企业中的成员涉入情况（代际和性别）对于公司创业的影响；Craig 和 Dibrell（2006）、Criaig 和 Moores（2006）则是结合家族企业外部环境探究了家族企业公司创业的创新机制。总体来说，这些文章主要探讨的问题是家族权力涉入（包括所有权、管理权、家族成员的涉入）或与家族相关的变量（如家族的文化）对企业层面的公司创业产生的影响。

2. 主要研究内容

从整理的经验研究文献来看，主要呈现的是家族文化、家族治理、家族/非家族高管对公司创业的影响。在家族文化影响方面，Hall 等（2001）研究显示家族文化越开放越有利于战略更新；Zahra 等（2004）发现外部导向的家族文化对公司创业产生促进作用；Prügl 和 Spitzley（2021）研究显示家族内开放式沟通文化越好越有利于公司创业。在家族治理影响方面，Fu 和 Si（2018）发现家族所有权对公司创业不产生显著影响；Calabrò 等（2016）研究显示家族所有权对国内创立新机构具有负向影响；Zahra（2012）发现家族所有权通过影响组织学习的广度与速度对公司创业产生影响；王晓婷等（2020）发现家族所有权比例负向影响公司风险投资。在家族资源方面，Toledano 等（2010）、李新春等（2016）、王扬眉和叶仕峰（2018）均指出家族性资源如一代的社会网络资源、二代的知识资源在两代人创业上起积极作用；Eddleston 等（2012）指出家族企业内良好的人力资本有利于公司创业。在家族/非家族高管影响方面，Kellermanns等（2008）发现CEO任期越长、年龄越大，越不倾向于公司创业；杨学儒和李军（2012）发现赋予股权可以促进职业经理人的公司创业；Kotlar和Sieger（2019）研究显示非家族高管不倾向于公司创业，特别在上一代创始人离任情况下更为明显；Sievinen等（2019）用案例研究了家族所有者使用非正式规则在家族企业战略更新中的作用；Lee（2019）研究了家族和非家族高管在组织和工作心理所有权方面的差异，以及它们对公司创业的影响。具体到代际高管涉入方面，Kellermanns等（2008）研究发现代际涉入对于公司创业具有显著正向影响；但Kellermanns和Eddelston（2006）的研究发现二者之间不存在显著影响效应。Ramírez-Pasillas等（2021）以案例研究的方式分析了家族企业后代到外部创立新机构的三个步骤——模仿家族企业、脱离家族企业、超越家族企业；刘佳和梁强（2013）发现两代人有效沟通与共同愿景促进了跨代创业；陈文婷（2013）研究显示后代向家族成员、家族及企业的网络进行创业学习有助于跨代创业。

（三）研究理论基础

国外家族企业公司创业研究的理论基础包括资源基础理论、代理理论、管家理论、身份认同理论。

1. 资源基础理论

Habbershon和Williams（1999）提出“家族性”的概念，该概念主要鼓励学者对家族企业和非家族企业拥有的不同资源进行考察，而非仅仅关注企业绩效差异，因为个体、家族、企业系统互动而产生的“家族性”带来了竞争优势和相对劣势（Chrisman et al.，2005；Lumpkin et al.，2011）。举例来说，Zahra等（2004）识别了四个显著的家族企业文化维度与非家族企业的不同：①个体VS群体导向；②内部文化VS外部文化导向；③协调VS控制；④短期VS长期导向。作者发现家族企业中的长期导向有益于家族企业公司创业，原因在于企业可以更完整地评估创业机会。Zahra等

(2004) 找到了个体和群体导向的平衡，即家族企业中鼓励家族个体去承担风险。与之类似，Webb 等（2010）建议家族企业需要找到长短期发展的平衡。Kellermanns 和 Eddelston（2006）及 Hall 等（2001）认为家族企业需要开发出“愿意打破传统的文化”，如此才开展创业活动。

2. 代理理论

代理问题一方面是企业所有人与经理人的代理问题（在家族企业中即家族股东与职业经理人的代理问题），另一方面则是大股东与小股东的代理问题（在非上市家族企业中，时常表现为家族大股东和家族小股东的代理问题）。这两类代理问题都会影响家族企业的公司创业活动。对于前者来说，常是所有人与经理人的目标和利益不一致进而有碍公司创业活动；后者是大股东和小股东（在家族企业中常是家族成员间）的目标和利益不一致也可能有碍公司创业活动，Zahra（2005）研究发现家族所有权越高，上述的不一致越低，因此有利于创业（风险承担）活动。傅颖等（2021）从代理理论视角指出，海归继承人将降低家族股东之间的代理成本，从而减弱家族股东的吝啬主义倾向，但增加了非家族高管与家族企业之间的代理成本，前者有利于家族企业公司创业，后者则具有抑制效应。

另外，家族企业中的治理系统和社会情感目标会导致利他主义出现（Schulze et al.，2003），造成了家族成员“搭便车”、过度薪资补偿现象。而且利他主义可能会使家族成员（小股东）对企业主放松监督，导致企业主一方面在公司创业时选择一些不良项目而无法为企业创造价值，另一方面造成企业主的“懒政”而无法及时把握市场的创新机会（Chang et al.，2010）或创立新机构的机会（Wong et al.，2010）。

3. 管家理论

代理理论的前提假设是委托人和代理人均是自利行为人，且委托人与经理人的目标和利益不一致。但 Davis 等（2010）认为并非所有的职业经理人（代理人）均属于自利的机会主义者，他们也并非乐于偷懒和进行冒险投机，恰恰相反，许多代理人出于对自身尊严、信仰以及工作满足的追求，会使他们努力工作，做好“管家”。换言之，在委托人的自律基础上，代理人与委托人以及其他利益相关者之间的利益是一致的。

管家理论的提出者 Davis 教授并非最早从家族企业的研究领域提出理论，但令人意外的是管家理论被提出后——21 世纪的前 10 年里，许多家族企业研究者感到了其在家族企业研究领域中的理论解释力。研究公司创业的学者应用管家理论阐述了自身的研究框架，得出了区别于代理理论研究的实证结果。例如，借鉴管家理论，Eddleston 等（2012）研究发现管理文化的决定因素——全面战略决策、参与式治理、长期导向和人力资本构成了家族企业公司创业的前因。Welsh 等（2013）基于管家理论发现，老一代家族企业创始人更愿意公司创业，而后一代反而更加保守。

4. 身份认同理论

身份是社会学研究中的重要概念，它与类别、角色等概念相联系，揭示的是生活在社会中的个体与社会的关系。家族企业包括两个系统，即家族企业和企业系统，也就是说家族成员、家族企业的企业主有两重身份，一个是家族的，另一个是企业的。不同的身份所欲实现的目标不一样，前者主要希望能带来家族的非经济目标，而后者则是带来家族的经济目标。那么在这样的背景下，研究发现，家族企业中家族成员的创业活动有些是为了保护家族的“老字号”和创始人的遗产，是出于对家族身份的强烈认同（Dyer & Whetten，2006），如 Craig 和 Moores（2006）指出这种对家族身份的认同会引发家族企业更高的社会责任意识，而愿意持续地创新保护环境。也正是对企业主原始目标和企业身份的追求，Salvato 等（2010）研究发现意大利的钢铁家族企业愿意坚持不懈地战略更新。

四、未来研究展望

当今的管理学知识体系在很大程度上是建立在欧美发达国家的学术研

究发现基础上的，但管理学可能是最具有“国界”特征的学科。著名的管理文化学者霍夫斯泰德在对不同国家的管理和组织进行比较研究后指出，并不存在一个“放之四海而皆准”的管理学理论，因为美国较之于全球其他国家和地区在制度与文化上存在着显著的差异。因此，诸多基于美国制度文化背景而发展起来的管理学理论很少能在美国之外适用。随着中国经济的快速发展以及中国企业竞争力的增强，学术界和实践界越来越呼唤并鼓励在中国背景下进行本土的管理研究，从而为建立中国的管理理论以及更有效地指导中国企业管理的实践并最终为丰富全球管理知识作出贡献（徐淑英和张志学，2011）。

如果从西方学术界公司创业的研究历史视角看，学者对于公司创业的研究有一个从大型企业到中小企业的过程，即在 20 世纪 80 年代公司创业研究起步阶段，学者比较注重大型企业公司创业的研究，到了 21 世纪后，中小企业公司创业的意向、行为和过程开始逐渐受到关注。同样地，在中国对于公司创业的研究，如魏江等（2014）指出，传统战略管理研究主要关注成熟企业和大企业，较少研究新创企业和中小企业，未来中国情境的公司创业研究应该探索不同企业主体（中小企业和大型企业）的公司创业决策和行为，以提供中国管理的理论贡献和情境贡献。

致力于中国情境的管理研究存在两条平行的可能路径（Barney & Zhang，2009）：一是发展中国的管理理论（Theory of Chinese Management）；二是发展管理的中国理论（Chinese Theory of Management）。前者是指在中国情境下拓展其他情境衍生出的管理理论的边界，丰富其来源理论的内涵；后者是指针对中国情境特有的管理问题给出理论诠释，通过高水平的本土研究建立新的管理理论（徐淑英和张志学，2011）。下面将结合现有国内家族企业公司创业研究现状，展望中国情境下家族企业公司创业未来研究的上述两条路径。

（一）发展中国的管理理论

在提出发展中国的管理理论展望之前，结合表 2-3 中的现有中文研究结果，有必要了解国内关于家族企业公司创业的研究现状。

一是关于公司创业的整体研究。杨学儒和李军（2012）研究显示家族董事会和管理层的涉入因为抑制了职业经理人的机会型创业而抑制了家族企业公司创业。李前兵（2011）研究发现家族企业领导人的任期与家族创业行为负相关，而家族企业领导人的学历、职业背景、家族成员间的共同愿景、信任、内部联系与家族创业行为正相关。吕斐斐等（2017）认为当家族经济财富期望实现程度达到企业主理想水平时，企业家更加倾向于坚持创业。

中国家族企业二代引发公司创业活跃。陈慧慧（2016）研究指出拥有家族企业网络的受访者的非正式学习机会较多，学习方式较为多样化和丰富化，创业积极性较高。李新春等（2016）研究发现二代涉入带来的资源异质性及其与一代资源之间的整合是组合创业的资源基础，也是推动跨代创业的动力。郭超（2013）研究认为家族接班者与父辈价值观的差异对企业产业转型、产品市场转型和地域市场转型创业起到重要影响作用。

二是集中研究公司创业中创新性的维度。研究显示，家族所有权和管理权的涉入提升对于家族企业创新均有显著的负向影响（闵亦杰等，2016；周立新，2014）。二代涉入与创新的关系存在矛盾之处，如汪祥耀等（2016）研究指出二代进入家族企业管理层参与管理或者二代与一代共同管理企业日常经营活动抑制了创新。但另外的研究发现，继承人社会资本和政治关联越丰富，代际传承中企业创新水平就越高（吴炯和李保杰，2015；赵晶和孟维烜，2016）。余恕莲和王藤燕（2016）指出家族企业二代简单涉入无法促进创新，只有引入外部经理人和变更实际控制人可以显著促进创新。如果说上述学者主要是延续国外家族企业文献做公司创业创新维度的追踪性导向研究，那么国内还有一些学者则依托过去 10 多年国内外战略学者比较注重的制度转型理论（Peng，2003；Peng & Luo，2000），特别关注中国的制度环境、政治关联等对家族企业创新的影响，发表了另一些制度理论方面的追踪导向性研究（蔡地等，2016；陈凌和吴炳德，2014；李婧等，2016；朱沆和周影辉，2016）。

总的来看，国内外针对公司创业的研究具有显著性差异，主要体现在两个方面。一是鉴于中国家族企业交接班的普遍性，国内的公司创业研究更加关注跨代创业（陈文婷，2013；郭超，2013）和组合创业（李新春等，2016；王扬眉和叶仕峰，2018），它们属于公司创业子范畴（Minola et al.，2021）。国内外研究更明显的研究差异体现在定量研究中，具体来说，国外对因变量公司创业的定量测量多以问卷调查为主，依托 Miller（1983）发表在 *Management Science* 和 Zahra（1996）发表在 *Academy of Management Journal* 的文献进行公司创业程度的测量。国内家族企业公司创业的实证研究多数属于上市公司二手数据测量，常使用产业多样性、产品多样性、地域多样性进行代理测量。

二是在发展中国的管理理论方面尚有一些可以从事的未来研究方向：①中国家族公司创业从现有研究情况来看，对于家族企业战略更新维度的研究尚较罕见，这是一个非常明显而且重要的研究空缺，如延续杨学儒和李军（2012）的研究思路，那么非家族成员（职业经理人）在家族企业战略更新中的作用如何？②现有研究中，从家族层面探究二者关系时，以权力的角度审视公司创业为主。现有中国家族企业公司创业驱动因素研究中，多数是以权力涉入为出发点、少从意愿维度出发的研究（吴炳德，2016），考察家族企业的特定行为，家族的意愿维度不能忽视，从这点来说也是一个重要的研究空缺。③家族涉入与公司创业的关系，如与其他许多家族企业特定行为（如创立新机构）表现一样，还远未达成一致意见。就此，Chua 等（2012）提出可从家族异质性的角度，通过引入中介或调节变量的方法仔细考察家族涉入到家族企业特定行为的影响机制。本书认为可以从下列方面思考：在家族文化方面，可以考察家族凝聚力、管家文化等变量的作用机制；在企业层面，可以考察员工归属感、非家族高管自主性等变量的作用机制；在市场环境方面，可以考察创业机会、市场差异化等变量的作用机制。④找出更多的中国家族企业情境因素。从现有家族企业公司创业的研究来看，情境因素主要考虑政治关联、制度环境等，实际上，中国家族企业与西方家族企业不同，情境差异较为明显（Li et al.，

2015）。举例来说，就代际涉入便有两个方面的情境化差异，首先相比于西方、日本家族企业代际涉入已经出现多代的现象，中国家族企业的代际涉入绝大多数是一代到二代；其次中国家族企业二代中，有大量的海归二代，据《胡润百富》的调查显示，家族企业有超过80%的二代选择到国外受不同程度的教育，有40%的已接班或潜在接班的家族企业二代具有海外学习或工作经历。那么这些二代对于家族企业公司创业与普通的代际涉入是否有差别？

（二）发展管理的中国理论

通过梳理发现，已有大部分发表在国内期刊上的研究以及本书所提出的研究展望，主要是对西方家族企业公司创业文献的追踪导向性研究，以发展中国的管理理论。想要发展管理的中国理论，则需要研究思考中国家族企业的原创性问题。实际上，有少量学者已经关注到中国情境特有的管理问题，如李新春等（2015）结合了国内二代权威的建立难度指出，二代“外出”创业是家族企业公司创业的驱动力；李京文等（2017）指出家族企业在创新投入方面弱于非家族企业的根源在于“家文化”的影响，包括家长的绝对权威、原始产权不明晰等。中国情境下家族企业公司创业的未来研究应该与家族企业传承、企业生命周期、政商关系、中国传统文化进行有机的联系。

1. 公司创业与家族企业传承

对于西方学者而言，主要思考和研究的问题集中于如何让家族企业这种古老的企业形式能够在新的技术和全球化环境下重新获得生机。因为随着技术环境，尤其是以电子商务为主要崛起的互联网经济催生的商业环境，一些原先名噪一时的大型家族企业感到越来越力不从心，甚至面临家族变卖企业的情况（如希尔顿家族、《纽约时报》的苏尔兹伯格家族、中国苏宁集团的家族）。由此，随着公司创业研究的深入和对实践的观察，学者们发现当今时代背景下的众多家族企业，有着公司创业维度下保持创新性并进行战略更新的需求，家族企业也正在发生着公司创业的实践以应对环境不确定性和市场机会保持竞争优势（Eddleston et al.，2012；Kellermanns & Eddleston，2006）。

而在中国情境下，与西方成熟的家族企业不同，中国家族企业大多第一代创业者基本上还在位或把控着企业关键性的控制权（李新春，2010），但正面临着传承的问题。对于中国学者来说，家族企业公司创业除研究如何保持企业的创新性（即如绪论中提出的企业转型升级、提质增效的问题）外，还应积极地探索如何通过公司创业的形式来完成“曲线”接班（李新春等，2015）。因为现有大量的调查发现，中国家族企业的二代接班意愿并不强烈，不强烈的原因一是不愿涉足旧有的家族企业的制造行业而想到新的如金融资本行业谋求发展，二是因为担心自身管理家族企业的智慧不足以延续由父辈所创造的企业辉煌，三是担心自身的资历不足以应付企业的元老。上述原因使得许多的家族企业二代谋求通过“另立领地”自己创业的方式进行“曲线”接班。因此，就这点来说，中国情境下家族企业公司创业研究还应该一定程度地与家族企业的传承联系起来。

2. 公司创业与企业生命周期联系起来

西方研究认为，当企业遇到以下三个方面的问题或困境时，就应该考虑公司创业。首先是已经处于衰退和停滞的边缘，有改进、创新和获得市场份额的需求；其次是已经感到组织在现有的公司管理方法中存在较明显的弱点；最后是现有组织中官僚风气较重，有必要以创业的方式来扭转员工的心智（Kuratko & Welsch，2001）。一般来说，企业所在的生命周期会影响其是否进行公司创业（如企业处于衰退期），而在家族企业中，如果家族企业处于衰退期而且此时有后代的涉入，进行公司创业的可能性更大（Hall et al.，2001），此时就如 Nordqvist 和 Melin（2010）所言：“家族企业公司创业不仅属于新的进入（创业活动），也属于新的退出。”

在中国情境下，要保持家族企业的永续发展，延缓家族企业步入企业生命周期衰退期，需要公司创业精神。中国古代俗语曾说：“道德传家，十代以上，耕读传家次之，诗书传家又次之，富贵传家，不过三代。”纵观中国 5000 年的历史，真正做到“富过三代”的可谓少之又少，无论是古代的商圣范蠡，战国的巨富白圭，再到之后的吕不韦，明朝的沈万三，清朝的胡雪岩、盛宣怀，即使是富可敌国也没能逃掉“富不过三代”的历史魔咒。家族企业的永续发展需要优秀的后辈，财富是优秀能干的人才创造的，也只有优秀能干的后代才能更好地继承、保住和增值财富。守业比创业更难，因为创业者大多从青少年时期就经过磨砺，锤炼了他们坚强的意志和杰出的才能，使他们能够成就大业。而其后一代面对的是已经富裕起来的家庭，没有经历过创业的艰难，很难懂得财富来之不易，如果没有良好的教育，很容易败掉家业。

西方的学者已经注意到了“创业遗产”（Entrepreneurial Legacy）的继承问题（Jaskiewicz et al.，2015），中国的家族企业如何结合中国文化、中国国情对“二代”进行教育扶持，让他们保有如“走遍千山万水、说尽千言万语、想尽千方百计、吃尽千辛万苦”的上一辈的创业精神，让他们以后在公司创业过程中不管是守业创新还是新创领地都更好地施展拳脚，是中国学者未来可以积极从事的研究。

3. 从政商关系深入研究家族企业公司创业行为

朱镕基总理曾于2002年考察胡雪岩旧居后留言：“古云富不过三代，以红顶商人之老谋深算，竟不过十载，骄奢淫靡，忘乎所以。有以致之，可不戒乎？”（朱镕基，2013）胡雪岩的失利，一方面在于生活腐败，失掉了成功商人必备的德行；另一方面则源于充当了左宗棠和李鸿章政治斗争的牺牲品（徐道宣，2012）。政商关系一直是政府强调需要“亲”“清”发展的关系，但无法否认在地方或部门存在“不良”的政商关系，这对企业经营造成了两方面的负作用，一是某些企业活动在权力、行政垄断等非市场因素得到益处，反过来侵害了广大企业主体参与市场活动的权利；二是对于家族企业而言，如果上一代的家族企业创业者依靠政商关系“发家”，Fang等（2021）研究发现当中国家族企业存在政商关系时，出于家族利他主义，一代企业主可能更不愿意子女接班家族企业，而愿意后代去过“打工”的安稳生活或者举家移民，这导致了家族企业传承意愿下降。上述两方面的影响无疑对家族企业公司创业产生作用，一是可能导致家族企业进行“无序”多元化——当家族企业拥有了行政许可或是其他经营便利即进行公司创业——扰乱了市场活动；二是子女无法接班，家族企业公司创业的动力特别是基于长期导向的公司创业动力将严重不足。

总之，在发达国家，由于政府提供了一个公平和安全的外部环境，控股家族有明确的选择将企业传给下一代。根据行为代理模型，家族所有者会采取保守的风险偏好（Fang et al.，2021），然而在中国从政商关系解读家族企业公司创业行为具有原创性问题属性特征，通过上述分析，政商关系可能出现两类情形——既可能大大促进家族企业公司创业，也可能削弱公司创业乃至家族企业传承。上述情形对于家族企业的良性可持续发展均是不利的。正如史晋川（2021）所指出的，传统的互惠互利型的政商关系正在成为阻碍民营经济走向规范化、法制化和阳光化发展的“绊脚石”，家族企业为什么会进行公司创业、进行何种类型的公司创业，与政商关系时常无法完全脱离关系，而二者的关系值得从社会学、政治学以及家族企业（管理学）等多方面进行深入研究。

4. 公司创业与中国的传统文化联系

钱穆（2011）曾指出，研究学问，都应该拿文化的眼光来研究，每种学问都是文化中间的一部分，在文化体系中，它所占的地位，亦就是它的意义和价值。中国的传统文化是大陆农耕文化，农业社会的稳定是依靠家国一体的宗法制度来维持的，儒家文化把家国一体的文化传统更加紧密地联系起来。《论语·季氏》曰：“君子有三畏：畏天命，畏大人，畏圣人之言。”“天命”指上天的意志，自然规律。“大人”指德高望重的君主、长辈、长官等。“圣人之言”指古代贤圣的言论。这三个“畏”是中国的传统文化，天命一定程度上属于宗教信仰对于经商的影响，大人可以认为是政商关系对于经商的影响，圣人之言则可能会影响企业家的价值观，中国的许多老一辈企业家族特别推崇儒家的经典，这三个“畏”在一定程度上对家族企业公司创业均可能形成影响。

韦伯（1987）认为，儒教过于重视家族和家族关系，阻碍了资本主义在中国的发展。资本主义是资本属于个人所拥有的经济制度，创业行为很大程度地发展了资本主义。但家族性在西方文献中被认为是推动家族企业公司创业的重要因素（Habbershon & Williams，1999；Lumpkin et al.，2011）。如果韦伯的观点成立，那么中国文化中对家族关系的重视会抑制家族创业吗？还是说只是在中国的家庭关系促进了家族（庭）创业[①]？另外美国学者弗兰西斯·福山（1998）认为华人社会对外人的信任感太低，企业倾向于家族拥有和管理，导致不愿意为公司引进专业经理，在这一论点下中国家族企业公司创业又如何把握商机以及寻找合作伙伴？

不难看出，中国传统文化、当代党建要求对于发展中国本土的家族企业公司创业管理理论提供了沃土，未来研究可进一步观察中国家族企业在经营过程中涌现的特殊现象，发展出具有问题原创性和理论影响力的中国管理理论。相比于发展管理的中国理论方面的研究，发展中国的管理理论研究不必执着于发展出的理论是否可在西方情境中复用，因为情境的不可复制性必然导致了理论解释边界的有限性（Barney & Zhang，2009）。

① 家族和家庭的关系可以参考李新春（2010）的文章，其认为中国目前真正符合标准的家族企业不多，或者说，大多数私人企业并不具备可以被称为家族企业的条件，它们中不少只是家族（家庭）做生意的工具，是创业者个人（家庭）控制的组织。

第三章

权力视角下的家族企业公司创业：中国情境

一、引言

公司创业旨在通过企业内部的系列创新创业活动，使企业具备前瞻性，并通过相应的风险承担行为追求新的市场机会。在家族企业研究中，公司创业被认为是企业生存、提高利润以及成长的关键（Salvato，2004；Kellermanns & Eddleston，2006）。目前，国内企业尤其是大量私营企业正面临着产业升级等现实问题，企业的创新创业不仅是内生需求，也是国家所强调的发展方向。家族企业支持公司创业吗？从家族所有权的角度考虑这一问题，有两派争论。一派的观点如 Rogoff 和 Heck（2003）所形容的——家族所有权为公司创业带来“氧气燃料”，助燃了企业公司创业。也就是说，家族所有权比例越高，家族企业公司创业倾向越强。支持此观点的文献包括 Zahra（2003，2005，2012）等。但是，另一派的观点却认为，家族所有权反而会抑制家族企业公司创业活动（Block，2012），此时，家族所有权变成了“冲突的肥沃地”（Harvey & Evans，1994）。总之，现有研究中对家族所有权究竟会促进还是抑制企业公司创业模棱两可，并没有确切答案。

为什么有的家族企业更倾向于公司创业并能成功？（Kellermanns & Eddleston，2006；Nordqvist，2005）在上述矛盾下，家族所有权涉入可能并非此问题的答案所在。过去大量的研究已显示，家族企业公司创业受到企业内部异质性情境变量的影响，如战略计划是否周详（Kellermanns & Eddleston，2006）、家族凝聚力（Zahra，2012）、家族与企业的团结度（Eddleston et al.，2012）以及代际涉入（Chirico et al.，2011；Cruz & Nordqvist，2012）等。上述结果说明，研究家族企业公司创业，仅仅判定家族所有权与公司创业的直接关系是不够的甚至毫无意义。考察不同的家族企业异质性情境，发掘更多能够影响家族涉入与公司创业关系的调节变量，不仅对学术界认识家族企业公司创业具有理论意义（Chirico et al.，2011），而且能够对家族企业情境（Wright et al.，2014）以及创业情境的研究产生理论贡献（Zahra et al.，2014）。

中国家族企业有许多不同于西方之处，表现最明显之一体现在代际涉入方面。又如，相比于西方的代际涉入辈数，中国的多数家族企业正处于第一代到第二代的传承过程中（Li et al.，2015）。在传承背景下，拥有海外学习或工作经历是已经接班或潜在接班第二代的重要特征。《胡润百富》2014 年的调查显示，家族企业有超过 80%的二代选择到国外接受不同程度的教育，有 40%的已接班或潜在接班的家族企业第二代具有海外学习或工作的经历①。“海归”被视为高技术、高知识、高素质的代名词，这些家族企业中的海归二代是否会影响家族控制企业的公司创业？能否回答“为什么有的家族企业比其他的家族企业更加倾向于公司创业”这个问题？

本章的研究发现与理论贡献主要如下：首先，对家族企业研究来说，指出了中国存在有海归二代与非海归二代的异质性家族企业类型，海归二代会显著调节家族所有权与企业公司创业的关系，这为家族企业公司创业研究特别是解释“为什么有的家族企业比其他的家族企业更加倾向于公司

① 详见胡润报告，http：//up. hurun. net/Humaz/201411/20141127183423220. pdf。

创业”提供了新的情境因素与解释视角，调和了过往研究中家族所有权与公司创业之间的矛盾关系。其次，从个体异质性对企业层面价值创造来说，聚焦于家族企业中海归二代这一家族企业内部成员的特质和涉入（Kellermanns et al.，2008），比较了家族企业中拥有海归二代与不拥有海归二代，在海外短时间的海归二代与在海外长时间的海归二代对家族企业公司创业的影响作用。实证检验了企业异质性主要是由个体异质性引发的，连接了个体异质性与企业层面以公司创业为主导的价值创造（Felin & Hesterly，2007）。最后，从本土家族企业研究来说，呼应了 Li 等（2015）提出的要关注中国家族企业相比于西方所存在的特殊问题，本章的研究结论指明，作为家族企业接班者的海归二代这一代际涉入群体的人力资本、海外社会资本，并以此为基础形成的创业认知在一定程度上已超越了国内的同辈接班者，他们通过个体流动（国外到国内）形成企业层面的异质性，属于独立且重要的家族企业异质性来源，值得未来重点关注与开展专项研究。

二、理论背景与研究假设

（一）家族企业与公司创业

1. 家族所有权与公司创业

家族所有权促进家族企业公司创业的理论逻辑如 Zahra（2005）所分析的，作者基于代理理论的实证研究结果显示，家族企业中家族所有权水平越高，能促进企业进军国内和国际新市场，进而促进企业创业行为，理由在于当家族所有权增加时，家族企业中股东之间的代理问题更少。

就资源基础理论而言，家族涉入使家族企业拥有独特的资源来源（即家族性；Habbershon & Willians，1999）。当家族企业决定公司创业时，家族企业可以利用家族、组织和创业者个人拥有的资源（Lumpkin et al.，2011）。家庭所有权比例越高，家庭对企业生存和发展的承诺越高（Habbershon & Williams，1999；Lyman，1991），并且更愿意投资于创业活动。家族可以提供的创业资源包括金融资本、人力资本以及社会资本（Sirmon & Hitt，2003；Steier，2003）。在这种情况下，家族为公司创业提供了氧气燃料（Rogoff & Heck，2003）。

家族所有权抑制家族企业公司创业的理论逻辑同样基于代理理论，如Block（2012）的研究结果显示，家族所有权比例高抑制了企业研发这一公司创业活动的投入。家族所有权比例越高，家族企业的代理问题确实更为缓和，尤其在独立创始人（Lone Founder）运营的家族企业中减缓效果更加明显。但是，在多个家人参与情况下，家族企业可能变为“冲突的肥沃地”（Harvey & Evans，1994），冲突所带来的高昂协调成本和低效用监督，使得家族企业进行公司创业的可能性降低。

就资源基础理论而言，Miller 等（2008）基于与管家理论对应的“停滞”视角（Stagnation vs. Stewardship），认为“停滞”使家族企业追求稳定、限制外部资本进入企业，导致家族企业倾向于保守。在这种情况下，家族企业有能力，也可能是没有意愿进行资源的投入（De Massis et al.，2014；Chrisman et al.，2015），从而不进行公司创业。更严重的是，因为“停滞”，倾向于保守的家族企业不仅自己不对公司创业进行一定的投入，甚至限制外部资本进入（Sirmon & Hitt，2003）。Gallo（1995）通过对 81 个中等规模的家族企业的研究指出，所有权比例高的家族企业不愿意与外部利益相关者共享控制权，限制了进行创业活动所需要的融资规模，这使得家族所有权比例高，在一定程度上成为公司创业的障碍。总之，现有研究中对家族所有权究竟会促进还是抑制企业公司创业模棱两可，并没有确切答案。

2. 家族企业代际涉入与公司创业

新一代的家族成员常具有新的点子或新的做事方法（Kepner，1991），能驱动创新（Litz & Kleysen，2001）。有学者认为后辈的涉入提升了对创业机会识别与追求的可能性，如李新春等（2008）研究指出，家族企业通过代际间的战略创业不断打破内外部制度的约束，并利用新知识与能力推行新的战略举措来传承创业精神，这有利于家族企业资源更新与成长诉求。但值得注意的是，并不是创始人的后辈均具备创业精神。许多学者认为，家族企业的后代需要上一辈为其提供创业精神的培训（Jaskiewicz et al.，2015）以及社会资本和管理技能的传承与指导（Mazzola et al.，2008；胡旭阳和吴一平，2016）。

在实证方面，代际涉入与公司创业的关系研究结论尚不一致。以代际涉入作为公司创业的解释变量时，Zahra（2005）及 Kellermanns 等（2008）的研究结果显示，代际涉入能促进家族企业的公司创业，但 Kellermanns 和 Eddleston（2006）的研究结果显示，二者关系并不显著。以代际涉入作为公司创业的调节变量时，Cruz 和 Nordqvist（2012）研究发现，代际涉入，能够显著加强家族企业技术机会、环境动态性与公司创业之间的关系；但 Chirico 等（2011）的研究显示，代际涉入并不能加强公司创业与企业绩效之间的关系，虽然代际涉入能为家族企业公司创业带来异质性的资源（尤其是知识资源），但涉入后也可能会带来两种冲突——家族代际间关系的冲突与两代人不同坚持的冲突。总之，代际涉入对于家族企业公司创业的影响似乎并不稳健。

（二）研究假设

1. 海归二代与家族所有权的交互作用促进家族企业公司创业

公司创业需要投入大量的资源来发展商业机会（Dess & Lumpkin，2005）。家族企业由于家族的涉入，不仅是组织和企业家个人，而且家族也可以为公司创业提供资源（Habbershon & Willians，1999；Lumpkin et al.，2011）。参考 Sirmon 和 Hitt（2003）的归纳总结，这些资源包括人力资本、社会资本、金融资本、耐力资本以及治理结构和成本。其中，社会资本、人力资本和金融资本被认为在现有研究中显著促进了创业的成功

（Cooper et al.，1994；Davidsson & Honig，2003；Kim et al.，2006）。家族所有权对公司创业没有影响的原因主要有两个：一是家族股东之间的协调不一致，不愿意从事公司创业行动（Block，2012）；二是家庭没有足够的资源来进行企业创业（Gallo，1995）。事实上，前一个是家族股东间的代理问题，后一个则是创业资源的问题，也就是说，两方面的问题造成了家族所有权与公司创业在现有研究结论上的矛盾。本书认为海归二代进入家族企业能增加家族的资源，减少家族股东之间的不一致。

一方面，海归二代可以增加家族企业的人力资本和社会资本，帮助补充创业资源在家族企业层面不足的问题。在人力资本方面，Liu 等（2010）发现海归比当地员工更具创新性，而且海归的技术溢出为当地企业带来直接或间接的贡献。Liu 等（2015）也发现，海归的经验学习和替代学习能够对新企业的表现产生积极的影响，海归创业者甚至被视为是能把国际知识带回本国的“经纪人”（Li et al.，2012；Lin et al.，2016）。在社会资本方面，Qin 和 Estrin（2015）发现海归创业者的两个最重要和最有帮助的社会关系类别是大学同学和协会会员身份。Filatotchev 等（2009）的研究表明，由海归创办的出口导向型企业不仅要依靠海归的技术和研发能力，还要依靠他们的国际背景和社交网络。回国人员通过国际化的社交网络，对企业绩效也产生显著的积极影响（Dai & Liu，2009）。从资源不足的角度来说，海归二代在人力资本和社会资本方面对于家族资本是一项积极的补充，也就是说他们在海外习得的相应资本与家族已有的相关资本所产生的交互作用将促进家族企业公司创业。

另一方面，代理理论认为家族股东间的不一致可能会抑制创业活动，本书却认为海归二代能减缓家族股东间对公司创业行动方面的不一致倾向。理由在于，与本土第二代相比，海归被认为在人力资本和社会资本方面具有优势，这种优势首先可以在一定程度上减轻家族股东间对公司创业这种冒险事业的担心，容易达成一致，而给海归二代从事公司创业的机会；其次，海归尤其是技术型海归能一定程度减轻企业家族股东与非家族管理者之间的信息不对称问题，起到一定的监督非家族企业管理层的作用。在上述情况下，家族股东间能够形成共识，支持海归进行公司创业。

基于上述分析，提出以下假设：

H3-1：相比不拥有海归二代的家族企业，家族企业中拥有海归二代会显著促进家族所有权与公司创业之间的关系。

2. 海归在海外时间长短与家族所有权的交互作用促进家族企业公司创业

海归二代取得人力资本和社会资本需要时间。人力资本可分为显性知识和隐性知识（Davidsson & Honig，2003），显性知识可以用个体的受教育程度来衡量，时间越长，所获得学历越高，一般认为显性人力资本较高；隐性知识可以用工作经历来衡量，工作经历越长，一般来说隐性知识的习得越多。在社会资本方面，可以个体拥有的强连接和弱连接关系来衡量（Davidsson & Honig，2003），对于海归创业者，Qin 和 Estrin（2015）的研究显示海外社会成员身份是其社会资本的重要来源和体现。但无论是扩大自身的社会网络（强连接关系或弱连接关系）还是取得海外诸如协会、组织等社会成员身份，都需要海归二代在海外花费更多的时间和精力。

总之，对于海归来说，与那些在海外时间短的人相比，他们在海外的时间越长，所获得的人力和社会资本越多。从资源基础理论来考虑，海归在海外时间越长，其更多的人力和社会资本越能更多地补充到家族企业的创业资源中，家族相关资本与海归习得的资本交互作用有利于公司创业。另外，从代理理论考虑，对于习得更多人力资本和社会资本的海归，可以更大程度地减轻家族股东间对公司创业这种冒险事业的担心，使家族股东对于拥有海归涉入的家族企业公司创业信心更强，并能够在家族股东之间更大程度地达成一致，给海归二代从事公司创业的机会。

基于上述分析，提出以下假设：

H3-2：相比海外时间积累较短的海归二代，家族企业中的海归二代在海外时间长会显著促进家族所有权与公司创业之间的关系。

三、数据与变量

（一）数据来源与样本情况

本节研究数据来自 2015 年中华全国工商业联合会（以下简称全国工商联）与浙江大学在全国范围内联合开展的“非公经济企业健康和非公经济企业家健康”的抽样调查。对于调研对象的选取，全国工商联按照全国经济发展水平将 31 个省份分为高、中、低三组并进行编号，采用 Rand Between（n，n+9）函数在 Excel 软件中进行随机抽样，每组抽取 4 个省份作为调研地。最终选取广东、浙江、辽宁、福建、河北、安徽、湖南、四川、云南、陕西、新疆、贵州 12 个省份。

这次调研拟定为 1500 套，问卷设计为企业家卷（A 卷）和财务经理卷（B 卷）。问卷发放前对问卷逐一进行，成对回收。由全国工商联统筹，由选定的 12 个省的工商联派专人实地发放，由选定的企业进行填写。由于全国和各省工商联工作人员的积极协调，本次调研拥有较高的回收率，最终共回收 1296 份有效问卷。

根据本书研究的目的，所有研究样本都必须是家族企业。根据 Chirico 等（2011）及陈凌和王昊（2013）对家族企业的操作定义，本书筛选出家族持股 50%以上，且家族中有 1 人及以上在企业的董事会或管理层任职的企业作为研究样本。符合条件的样本有 1092 家，去除数据缺失的样本，最终得到符合研究要求的样本数共计 683 家。T 检验显示，最终样本与数据缺失的样本在企业规模、企业年龄、收入等企业特征方面没有显著性差异。在 683 家样本中，家族企业二代已经涉入（二代进入家族企业任职）的样本数为 460 家，而在其中属于海归且已经入职家族企业的样本数为

190 家，占总样本数的 27.82%，占二代涉入样本数的 41.30%①。

样本的其他情况包括，在海归二代的海外时间方面，2 年及以下占比 18%，3~4 年占比 53.50%，5 年及以上占比 28.50%；在出国国别选择方面，选择北美洲国家的比例为 34.40%，选择欧洲国家的比例为 33.90%，选择亚洲国家的比例为 5%，选择大洋洲国家的比例为 15%，选择其他国家以及有两个及以上海外国家经验的比例为 11.10%。

（二）变量与测量

1. 因变量：公司创业

采用 Barringer 和 Bluedorn（1999）的测量方式，含有 9 个题项，分为创新性、前瞻性和风险承担性 3 个维度，由企业主填写。这一公司创业测量方式已被战略与创业学者如 Barrett 和 Weinstein（1998）以及家族企业学者如 Kellermanns 和 Eddleston（2006）、Kellermanns 等（2008）广泛应用。通过探索性因子分析，公司创业分析出 3 个因子，因子载荷均大于 0.6，KMO 检验值为 0.832，Bartlett 球形检验值为 3069.6（$p<0.001$）。信度系数 α 值为 0.856。

2. 自变量：家族所有权比例

利用问卷中的题项“您自己持有的公司股份比重”及“其他家族股东持股比重”加总测量。

3. 调节变量

（1）海归二代的测量。作为虚拟变量，利用问卷中的题项“在本企业职位最高的子女有没有海外留学或工作经历?”进行测量。这一题项能够保证二代曾经具有海外留学或工作经历，并且已经进入家族企业任职。

（2）二代海外时间。利用问卷中的题项“其（企业家子女）海外留学或工作时间总计多少年”进行测量。

① 这一数据与上文中胡润报告统计认为目前家族企业有 40%左右接班或潜在接班二代拥有海归背景的结果较为吻合。

4. 控制变量

（1）参考 Salvato（2004）的研究，分为个体、家族企业治理结构和组织特征三个层面的因素，具体如下：①一代企业主个体层面因素，包括一代企业主的年龄、性别、受教育程度；在二代方面，控制了其职位层级（0 代表没有在企业任职，1~3 分别代表在基层、中层、高层任职，4 代表担任企业一把手）。②家族企业治理结构方面，考虑了家族企业中董事会的人数。③组织特征方面，考虑了家族企业的年龄、规模（员工人数衡量），过去一年的财务绩效（资产收益率衡量）。

（2）参考傅颖等（2019）的研究，控制了家族承诺和企业长期导向，其中家族承诺使用 Koropp 等（2013）的量表，企业长期导向采用了 Wang 和 Bansal（2012）的量表。①鉴于海归群体大量进入高科技企业或进行新创业，控制了是否为高新企业（虚拟变量）。②鉴于中国区域市场环境和制度环境差异较大的情况，控制了企业所在的地理位置。

（3）控制企业行业属性，包含农林渔业、采矿业、制造业、电力煤气业、建筑业、批发零售以及房地产业 7 个行业的虚拟变量。

四、数据分析与结果

（一）海归二代加强家族企业公司创业的检验结果

表 3-1 是主要研究变量的描述性统计和相关系数矩阵情况。从中可以发现，家族所有权比例与因变量公司创业不存在显著相关关系。而本书的调节变量海归二代以及二代在海外时间与因变量公司创业也不存在显著相关关系，可以初步认为两个调节变量属于较好的外生性情境调节变量。

表 3-1　权力视角下的家族企业公司创业：描述性统计与相关系数

变量	平均值	标准差	1	2	3	4	5	6	7	8	9	10	11	12	13	14	15	16	17
1. 公司创业	4.97	1.08	1																
2. 一代企业主性别	1.11	0.31	-0.022	1															
3. 企业主年龄	48.60	7.79	-0.010	-0.102**	1														
4. 一代学历	2.30	0.89	0.125**	0.014	-0.179**	1													
5. 二代职位层级	1.64	1.44	0.029	0.036	0.242**	-0.131**	1												
6. 二代海外时间	3.92	1.92	-0.025	-0.005	0.197**	-0.019	0.167**	1											
7. 企业年龄	2.51	0.60	-0.083*	-0.045	0.367**	-0.077*	0.093*	0.227**	1										
8. 企业规模	2.02	0.057	0.015	-0.084*	0.212**	0.101**	0.059	0.220**	0.358**	1									
9. 过去绩效	0.10	0.20	0.025	0.031	-0.011	-0.029	0.043	0.054	0.028	-0.045	1								
10. 董事会人数	4.45	1.95	0.067	-0.100**	0.044	0.061	-0.019	0.167**	0.132**	0.205**	-0.002	1							
11. 企业位置	1.25	0.62	0.070	0.047	-0.114**	0.024	-0.318**	-0.204**	-0.105**	-0.075	-0.014	-0.055	1						
12. 是否为高新企业	0.42	0.49	0.133**	-0.064	0.008	0.138**	-0.026	0.088*	0.003	0.105**	-0.021	0.057	-0.052	1					
13. 企业长期导向	0.51	1.16	0.296**	0.047	-0.016	0.041	0.031	0.057	-0.075*	0.036	0.072	0.064	0.033	0.108**	1				
14. 家族承诺	0.10	0.94	0.338**	0.000	-0.034	0.057	0.059	0.032	-0.060	0.038	0.023	0.027	-0.015	0.017	0.348**	1			
15. 一代创业经历	1.45	0.50	-0.038	0.058	-0.052	0.047	-0.103**	-0.100**	0.111**	-0.004	0.006	0.018	0.001	-0.027	0.004	-0.034	1		
16. 海归	0.28	0.45	-0.035	-0.009	0.187**	-0.038	0.177**	0.803**	0.214**	0.272**	0.007	0.152**	-0.253**	0.094*	0.038	0.018	-0.157**	1	
17. 家族所有权	94.47	9.89	0.010	0.066	0.019	-0.157**	0.048	-0.035	0.063	-0.029	-0.016	-0.031	-0.027	-0.041	0.049	0.151**	-0.049	0.015	1

注：N=683，**. 在 0.01 级别（双尾），相关性显著。*. 在 0.05 级别（双尾），相关性显著。行业控制变量因篇幅限制未在表中显示。

回归分析结果如表 3-2 所示。本书的所有回归方程均进行了多重共线性检验，VIF（方差膨胀因子）值均小于 1.3，结果表明不存在严重的多重共线性问题。模型 1 是控制变量对因变量的回归检验结果；模型 2 是包含了控制变量、自变量、调节变量（是否为海归二代）的主效应回归模型；模型 3 是加入了交互效应后的模型。模型 2 的检验结果表明，家族所有权与公司创业不存在显著性关系（B=-0.215，p>0.1）。模型 3 的检验结果表明，海归二代对家族所有权与公司创业的关系起着正向调节作用（B=2.30，p<0.05），H3-1 得到验证。

表 3-2　家族所有权、海归二代与公司创业回归结果

变量	因变量：公司创业		
	模型 1	模型 2	模型 3
一代企业主性别	-0.080	-0.074	-0.085
一代年龄	0.005	0.005	0.006
一代学历	0.112**	0.107**	0.113**
二代职位层级	0.041	0.041	0.041
海归二代海外时间	-0.028	-0.019	-0.009
企业年龄	-0.088	-0.084	-0.082
企业规模	-0.023	-0.020	0.009
过去绩效	0.081	0.073	0.093
董事会人数	0.032	0.032	0.031
企业位置	0.140**	0.136**	0.135**
是否为高新企业	0.226***	0.225***	0.230***
家族承诺	0.167***	0.168***	0.178***
企业长期导向	0.301***	0.305***	0.300***
一代创业经历	-0.048	-0.055	-0.063
家族所有权		-0.215	-0.178
海归		-0.054	-0.095
所有权×海归			2.300**
F 值	10.069***	8.890***	8.845***
R^2	0.185	0.185	0.193
调整后的 R^2	0.166	0.164	0.172

注：N=683，** 表示 p<0.05，*** 表示 p<0.01。模型中均为非标准化系数。

（二）海归二代在海外时间情况的检验结果

为了检验海归二代在海外积累时间对公司创业的影响，本书对 172① 个海归二代样本进行检验。所有回归方程均进行了多重共线性检验，VIF 值均小于 1.3，回归分析结果如表 3-3 所示。模型 M3 的检验结果表明，海归二代在海外时间情况对家族所有权与公司创业的作用关系起着正向调节作用（B=0.624，p<0.1），H3-2 得到验证。

表 3-3　家族所有权、海归在海外时间与公司创业回归结果

变量	因变量：公司创业		
	模型 M1	模型 M2	模型 M3
一代企业主性别	-0.207	-0.247	-0.236
一代年龄	-0.002	-0.002	-0.002
一代学历	0.148*	0.181**	0.180**
二代职位层级	0.093	0.099	0.096
企业年龄	-0.225	-0.254	-0.240
企业规模	-0.122	-0.053	-0.042
过去绩效	0.102	0.177	0.192
董事会人数	0.007	0.006	0.011
是否为高新企业	0.594***	0.618***	0.609***
家族承诺	0.340***	0.306***	0.292***
企业长期导向	-0.030	-0.005	0.007
一代创业经历	-0.048	-0.054	-0.029
家族所有权		1.542*	1.829**
二代海外时间		-0.014	-0.008
所有权×二代海外时间			0.624*
F 值	2.738**	2.629***	2.624***
R^2	0.184	0.202	0.213
调整后的 R^2	0.117	0.125	0.132

注：N=172，* 表示 p<0.10，** 表示 p<0.05，*** 表示 p<0.01。在 172 个子样本中，企业均位于中国东部地区，表中没有企业地理位置的控制变量。

① 由于缺失值的原因，190 个家族企业海归二代涉入中的 18 个家族企业样本未进入回归。

为了更直观地揭示家族企业海归二代以及海归在海外时间对家族所有权与公司创业关系的影响，本章绘制了交互作用图。图 3-1 表明，对于不拥有海归二代的家族企业，家族所有权与公司创业之间的关系较弱，甚至可能是负向作用关系，但对于拥有海归二代的家族企业，家族所有权与公司创业之间呈现出强烈的正向关系。图 3-2 表明，拥有海归二代的家族企业，家族所有权与公司创业之间的关系均为正向关系，但是海外时间更长的海归二代，与家族所有权对公司创业的积极影响更强。

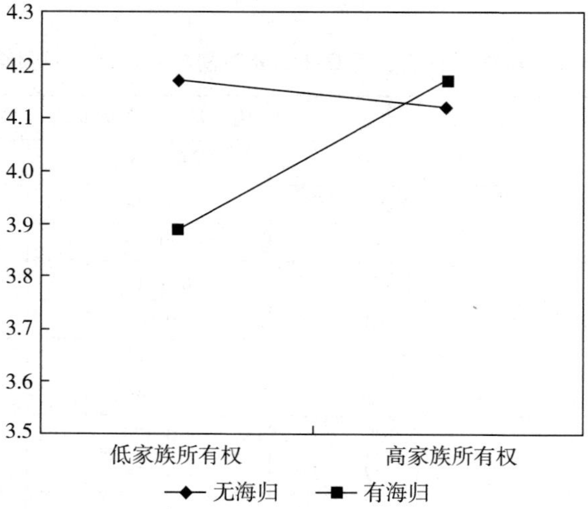

图 3-1　公司创业：家族所有权与海归二代的交互效应

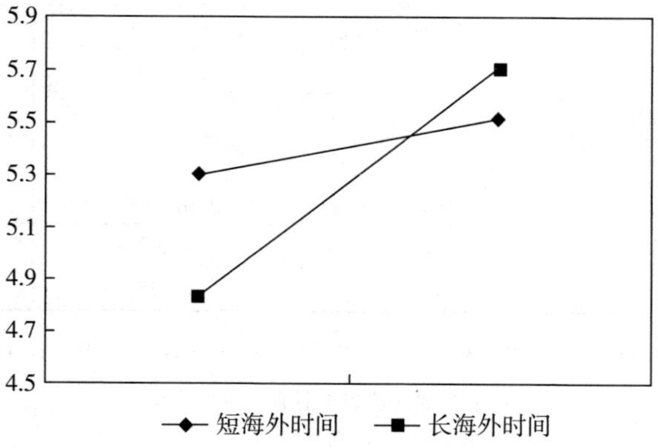

图 3-2　公司创业：家族所有权与海归海外时间的交互效应

五、稳健性检验：排除普通意义代际涉入的干扰

在本章理论背景部分，已讨论过一般意义下的代际涉入可能影响家族企业的公司创业。鉴于此，对于海归二代会加强家族所有权与公司创业关系的结论，需要考虑是不是因为普通意义上的代际涉入而不是海归二代涉入的作用。去除代际涉入信息缺失的 36 份样本，用于稳健性检验的样本数为 647 家企业，其中有二代涉入的企业 437 家，海归二代涉入的企业 154 家。稳健性检验结果如表 3-4 所示。模型（3）的结果显示，以代际涉入作为调节变量，不能促进家族所有权与公司创业的关系（B=-0.387，p>0.1），说明家族所有权与代际涉入的交互项对公司创业没有显著促进作用。而以海归二代作为调节变量，调节效应依旧显著（B=2.471，p<0.05）。

表 3-4　权力视角下的家族企业公司创业：稳健性检验

变量	因变量：公司创业		
	模型（1）	模型（2）	模型（3）
一代企业主性别	-0.059	-0.048	-0.052
一代年龄	0.005	0.004	0.005
一代学历	0.092**	0.084*	0.090*
二代职位层级	0.039	-0.002	-0.004
二代海外时间	-0.030	-0.025	-0.011
企业年龄	-0.101	-0.092	-0.089
企业规模	-0.004	-0.003	0.022
过去绩效	-0.110	-0.102	-0.079
董事会人数	0.036*	0.036*	0.036*

续表

变量	因变量：公司创业		
	模型（1）	模型（2）	模型（3）
企业位置	0.136	0.127*	0.116
是否为高新企业	0.238***	0.233***	0.244***
家族承诺	0.307***	0.312***	0.306***
企业长期导向	0.166***	0.166***	0.177***
一代创业经历	-0.047	-0.048	-0.056
家族所有权		-0.271	0.094
代际涉入		-0.056	-0.109
海归		0.159	0.156
所有权×代际涉入			-0.387
所有权×海归			2.471**
F 值	9.647***	8.101***	7.648***
R^2	0.186	0.188	0.196
调整后的 R^2	0.167	0.165	0.171

注：N=647，* 表示 $p<0.10$，** 表示 $p<0.05$，*** 表示 $p<0.01$。

六、结论与讨论

（一）理论贡献

由于历史原因，国内家族企业成立时间普遍不长，目前主要处于第一代向第二代交接班的过程中。伴随着中国现阶段宏观经济的发展情况，大量的家族企业正在谋求转型升级，而公司内部创新创业是企业转型升级的有效途径。同时，元分析（Meta-Analysis）的相关研究结果已经证实公司创业能显著促进企业的绩效（Bierwerth et al.，2015；Rauch et al.，2009），本章所重点关注的——何种条件下的家族企业会进行公司创业具有重要的理论和现实意义，主要体现在以下方面：

首先，试图回答“为什么有的家族企业相比其他家族企业更加倾向于公司创业”的问题。结果显示，家族所有权对于公司创业的影响，如过去大量研究所揭示的一样，并不能一概而论地判定会起到促进作用还是抑制作用。通过聚焦考察家族企业海归二代这一独特的群体，研究结果表明，家族企业拥有海归二代时，其与家族所有权的交互效应能够显著促进公司创业；而且在海归二代群体中，在海外时间更长的二代促进家族企业公司创业的效应更显著。上述结果说明，海归二代会显著加强家族所有权与企业公司创业的关系，这为解释“为什么有的家族企业更加倾向于公司创业”提供了新的情境因素，调和了过往研究中家族所有权与公司创业之间的矛盾关系。

其次，对个体异质性与企业价值创造的贡献。在过往研究中，企业层面的价值创造并不注重个体层面的微观机制（杨迤等，2007）。本章提出，海归二代接班者的人力资本、社会资本以及以此为基础形成的异质性的创业认知，在一定程度上已经超过国内同辈，从而能够对家族控制企业的公司创业产生影响。以资源基础理论为依托，本章的研究指出，家族企业异质性产生的原因在于海归二代个体异质性知识轨迹引发的家族资源对于自身知识和能力的支持，进而会产生新的价值创造（Felin & Hesterly，2007；Grant，1996），也就是说，本章“找出了是谁加入组织后转变了知识轨迹，找出了是谁创造了新的组织价值”（Felin & Hesterly，2007）。

最后，家族企业的任何理论都应该描述，为什么家族企业是异质性的以及它的独特性是如何构建的（Klein et al.，2005；Chrisman et al.，2012），本章的研究结果说明，有些家族企业选择进行公司创业的原因源自家族企业海归二代群体，这为更好地理解家族企业异质性提供了经验支撑。西方文献认为家族企业异质性来源主要分为目标、家族企业治理结构和企业资源情况三类，代际涉入被认为是对家族企业的治理结构产生影响而形成家族企业的异质性（Chua et al.，2012）。然而，本章的稳健性检验结果显示，中国家族企业中普通意义上的代际涉入不足以影响家族所有权与公司创业的关系。更深层次地分析二代群体的差异，即在中国的家族企业代际涉入中，有些代际涉入的家族企业二代拥有海外留学和工作背景，而有些则没有，只有拥有海归二代的涉入才能促进家族控制企业的公司创业。从这个结果的角度来说，本章的研究结论指明，海归二代应属于中国家族企业异质性的来源之一。

（二）研究不足与未来展望

本章存有一定研究局限性，这些局限为未来研究提供了参考。首先，对于海归二代的考察，因样本局限，并未区分海归二代具体的海外工作学习情况，如其经历是求学还是工作抑或是在海外创业。其次，也并未考察海归二代进入企业时间的影响，未来可以进一步细分海归二代的样本情况。

此外，未来还有一些可进一步研究的问题，如海归二代主导的家族企业公司创业，其绩效与非海归二代主导的公司创业有何差异？海归二代回到中国后，是否会因对国内的市场环境尤其是与学习国的制度认知（如知识产权）存有差异（Peng，2003），造成一定程度的“水土不服”？这些又如何影响其创业机会的识别、创业行为以及创业绩效？

在管理实践方面，无论是国家经济还是企业的发展，都需要创新创业引领。创新创业的竞争最终是人才的竞争，国家和企业要给予海归二代更大的施展空间。相信海归二代的人力资本和社会资本优势以及一些“功能型”海归技术创新的能力，能够对企业的公司创业产生积极的作用，促进企业转型升级目标的顺利实现。国家层面，能为海归创业者提供更合适的创新创业土壤，如良好的创业环境、良好的知识产权保护氛围；家族企业层面，本章的研究结果意味着，企业家把子女送到国外积累学习及工作经验或许的确是为企业的创新创业、转型发展而进行的人才投资，当然家族企业在二代接班过程中依然需要做好其他方面的准备。

（三）结论

本章聚焦于中国家族企业的特殊群体——海归二代，研究他们在家族所有权与公司创业之间所起的调节作用关系。研究结果表明，相比于不拥有海归二代的家族企业，家族企业中拥有海归二代会显著促进家族所有权与公司创业之间的关系，而且在海归二代群体中，那些相比在海外时间短的二代，在海外时间更长的二代促进家族企业公司创业的效应更显著。通过稳健性检验，排除了普通意义上代际涉入调节作用干扰，进一步证实了海归二代的作用。相较于国内二代的人力和社会资本，海归二代属于潜在的成功通过创业传承的家族企业接班者。

第四章

意愿视角下的家族企业公司创业：家族承诺的影响

一、引言

家族企业为何愿意进行公司创业活动？这一问题在目前中国情境下具有极高的研究迫切性。一方面，中国家族企业大多集中在国民经济体系中比较低端、相对微利的低技术、低成本、低附加值行业，在全球化和信息化引起企业竞争加剧的情况下，在中国强调以创新创业为基础的供给侧结构性改革大背景下，我们需要研究和分析中国家族企业应对发展挑战这个严峻课题，因为公司创业的目标就在于通过企业内部的系列创新创业活动，使企业具备前瞻性，保持企业的可持续发展（Sciascia & Bettinelli, 2013）。另一方面，家族企业与国有企业或外资企业的不同在于，家族企业决策面临着家族和企业两个逻辑出发点，家族逻辑以情感伦理为主导，企业逻辑以追求利润最大化为主导。对于中国的家族企业，如果说改革开放初期企业主创业时的风险承担决策不用过多考虑家族成员的意见，那么目前一代向二代过渡阶段的家族企业在企业行为决策方面，已经难以避免要考虑家族的意愿（李秀娟和张燕，2017）。在大量后代不愿接班，家族甚至“意欲放手”的现实背景下（何轩等，2014），我们亟须对中国家族企业的公司创业活动进行深刻理解，同时了解内在的深层次机制，为推动家族企业主动创新创业提供思路和策略上的建议。

家族承诺是衡量家族意愿的主要指标（De Massis et al.，2014）。高家族承诺有利于家族企业创业吗？（Zahra et al.，2008）家族企业受家族和企业两个系统共同影响，家族承诺——家族成员对企业信念与目标支持，自身贡献企业以及与企业荣辱与共的程度，是家族系统影响家族企业的重要组成维度（Klein et al.，2005；De Massis et al.，2014）。研究表明，一方面，家庭承诺（将家族承诺视为预测变量）会直接影响诸多家族企业的行为决策，包括战略灵活性（Zahra et al.，2008）、非经济目标（Chrisman et al.，2012）、国际化（Segaro et al.，2014）、企业社会责任（Zhou，2014）；另一方面，不同层次的家族承诺（将家族承诺视为调节变量）还影响着家族企业的财务决策态度（Koropp et al.，2013）、创新绩效（Hatak et al.，2016）、前摄性环境战略（Dou et al.，2019）。从上述被解释变量来看，现有的研究几乎都聚焦于家族承诺对企业战略领域因变量的影响，而对于创新创业领域的因变量关注较少，家族承诺如何影响企业的创新创业行为还鲜有研究。

本章对家族企业公司创业研究做出如下贡献：①从家族意愿出发，在对家族权力涉入（家族所有权）加以控制的情况下，考察家族承诺对家族企业公司创业的影响，研究结果显示家族承诺正向促进企业公司创业，这在进一步理解家族异质性的基础上，对理解过往家族涉入与公司创业关系研究结果不一致的矛盾提供了新的思路。②分析并检验了家族承诺影响公司创业的内在机制。具体来说以资源基础理论为依托，通过引入企业长期导向这一中介路径，研究显示企业长期导向在家族承诺和企业公司创业的关系中起部分中介作用，这为理解家—企之间纽带作用对公司创业的关系影响提供了学理支持。③结合资源基础理论和创业机会相关观点，论证了环境不确定性会调节企业长期导向与公司创业之间的关系，并且当环境不确定性较高时，通过长期导向所传导的家族承诺对公司创业的间接影响较强。本章通过将中介变量和调节变量纳入同一理论框架的分析结果，初步确立了家族承诺借由企业长期导向对公司创业发挥影响的边界条件。

二、理论背景回顾

（一）家族因素与家族企业公司创业

家族企业中具备何种独特特征，使其相较非家族企业获得可持续企业成长，是学者近年来研究家族企业的热点话题。公司创业被认为是使家族企业获得可持续的企业成长的原因之一（Eddleston et al.，2012；Kellermanns & Eddleston，2006）。家族企业的公司创业与非家族企业有三点明显不同，首先是资源利用的不同。从资源来源来看，家族企业能为企业公司创业提供除组织和创业者个体的资源外，还包括家族层面的资源（Habbershon & Williams，1999；Lumpkin et al.，2011）。从资源种类来看，家族企业为公司创业提供的资源形式，既包括创业常规所需的金融资本、社会资本和人力资本，还包括耐力资本以及治理和结构成本（Sirmon & Hitt，2003）。其次是家族企业在公司创业目标方面的追求与非家族企业不同。家族企业的公司创业相较于非家族企业会考虑不同目标，这些目标既可能是企业的目标，也可能是家族的目标；既可能是经济的目标，也可能是非经济的目标（Chrisman et al.，2015），由于此原因，如果在家族企业中家族与企业在公司创业目标上没有达成一致，公司创业的决策和行为会面临较大的挑战。但如果家族与企业的目标达成一致，那么家族企业公司创业因为家族—企业连接的紧密而大大有利于公司创业（Kellermanns & Eddleston，2006）。最后是公司创业在时间维度方面与非家族企业的差异。普遍来说，家族企业由于具有长期导向的特点（Lumpkin & Brigham，

2011)，即企业有优先考虑长期影响的倾向（Breton－Miller & Miller，2006)，因此在家族涉入的特殊公司治理结构下，家族企业相较于非家族企业会展现出长期导向下的创业行为（Lumpkin et al.，2010；Zahra et al.，2004)。总之，家族企业公司创业中家族因素的涉入既是家族企业与非家族企业的关键区别，也是家族企业公司创业研究必须考虑的重要影响因素。

（二）现有研究忽视了对家族意愿方面涉入的考察

研究发现，家族涉入使企业在众多的行为决策上表现出与众不同的特征，在公司创业上家族企业表现如何？在过去研究中，从家族层面探究二者之间的关系时，以权力涉入的角度审视公司创业为主，却得出了矛盾的结果（可参考第三章内容）。就此，Chua 等（2012）提出可从家族异质性的角度通过引入中介或调节变量的方法仔细考察家族涉入到家族企业特定行为的影响机制，并着重分析了家族异质性的来源，却没有详细阐述家族异质性的特征。

De Massis 等（2014）对家族异质性做了分解，提出家族异质性特征可以从两方面来看，一是家族所有权和管理权等权力的涉入，二是家族意愿的涉入。所谓家族意愿，是指用以形容家族在处理不同行为决策时的喜好倾向（De Massis et al.，2014)。家族企业公司创新创业实际面临的情况是，权力高而意愿少，包括创新创业学者以及家族企业研究者应该努力从理论研究的方式破解这个“悖论”，以有利于家族企业的长期可持续发展（Chrisman et al.，2015)。

如果说家族企业在 21 世纪前属于由一个具有冒险精神的家族创始成员创立并管理的私营经济体（Tan，2001)，那么随着一代向二代的过渡，家族成员开始进入家族企业。目前，在中国家族企业中，如 Block（2012）所提出的“独自成立人”（Lone Founder）的情况在减少，贺小刚等（2016）研究发现我国创业家族企业大多采取家族共同治理的模式，而不是创业者独自控制股权和（或）管理权的模式。事实上，在家族企业行为决策方面，家族创始人已经难以避免要考虑家族的意愿（李秀娟和张燕，2017）。鉴于此，本章从家族意愿（家族承诺）涉入的角度，引入中介和调节变量的方法仔细考察家族涉入到家族企业公司创业的影响机制。

三、研究假设发展

（一）家族承诺与公司创业

家族控制企业的行为决策很大程度由家族的意愿决定（Dou et al.，2019），家族意愿甚至被称为是家族企业的“家族本质”（Family Essence）（Chrisman et al.，2012）。家族承诺（Family Commitment）是家族意愿最主要的预测指标之一（Chrisman et al.，2012；Dou et al.，2019；Klein et al.，2005），用以描述家族成员对企业信念与目标的支持，自身贡献企业及与企业荣辱与共的程度。家族承诺属于家族文化的一部分（Klein et al.，2005；Zahra et al.，2008；Segaro et al.，2014），植根于家族成员的价值观（Chrisman et al.，2012），为家族企业带来家族性资源（Arregle et al.，2007；Lumpkin et al.，2011）。来自家族系统的家族承诺，能分别从有形资源和无形资源两方面影响家族企业公司创业（Barney et al.，2011）。

在有形资源方面，家族愿意将资源投入到公司创业这一具有风险性的事业中。家族企业中家族承诺越高，相比于承诺较低的家族企业，家族愿意向企业系统中投入更多资源用于创新（Chrisman et al.，2015）及承担风险（De Massis et al.，2014）。这些资源从资源来源看，既包括家族的资源，也包括家族创始人自己的资源（Lumpkin et al.，2011）；从资源形式看，既包括物质方面的财务资本，也包括人力资本和社会资本（Sirmon & Hitt，

2003）。来自家族的上述资源为企业的公司创业提供了必要的支持和保障。

在无形资源方面，在家族企业中产生“管家”文化，对非家族员工形成激励。企业文化属于企业独特资源并能为企业带来竞争优势（Barney，1986）。家族承诺使家族高层股东成员间保持和谐与信任（Eddleston & Morgan，2014），家族高层形成的这种关系，通过各种渠道“传染”给所在家族企业的非家族员工（Zahra et al.，2008），使其感受到家族企业中来自家族高层股东对企业的价值承诺（Davis et al.，2010），促进企业中员工的组织承诺和主人翁精神的产生（Davis et al.，2010；Zahra et al.，2008）。在此条件下，员工将具有更高的独立自主性，能更好地开发新的、具有一定风险性的商业想法、策略以进行公司创业（Shimizu，2012）。综上所述，提出以下假设：

H4-1：在其他条件不变的情况下，家族企业中家族承诺正向影响公司创业。

（二）企业长期导向及其中介作用

企业长期导向是对企业战略决策时间维度长短的主观评价，更多地关注企业的战略资源发展、长期规划、未来核心利益以及核心能力的培育与发展，体现了企业中高层管理者对企业未来发展战略的强调，因而对企业资源的组合、配置与有效利用都有重要影响（Wang & Bansal，2012）。一方面，强调长期导向的企业，有利于帮助企业获取和丰富更多的资源，并发展战略资源以支持和提升组织机制与流程的效能（Kandemir & Acur，2012；Carnes & Ireland，2013），因而有助于不同层次企业员工更加灵活地协调与组合企业资源；另一方面，强调长期导向的企业高层管理者为企业规划了长期愿景，帮助企业更好地协调和引导内外部资源的有效配置，同时有助于企业联合和协调内部不同部门管理者、小团体的利益以促进信息和知识在部门间的流动、分工与协调，以帮助企业更有效地协调资源管理流程（刘新梅等，2017）。

家族企业在连续性、未来性和坚忍不拔性三个维度的得分都明显高于非家族企业（Brigham et al.，2014），一般认为相较于非家族企业，家族企业更具有长期导向——企业有优先考虑长期影响，并能容忍企业目标、具体投资等在一定时间后才有成果输出的战略倾向（Breton-Miller & Miller，2006；Lumpkin et al.，2010）。家族承诺不仅本身可以为家族企业带来资源输入，而且根据现有研究，还会影响家族企业其他方面资源的配置。例如，高承诺的家族，其家族内部尤其是企业主本人会花更多的时间精力拟定家族企业未来的传承计划，并且企业主还会牺牲其处理公司业务的时间对潜在接班人进行传承培训（Lansberg & Astrachan，1994）。对下一代的关注是企业追求长期导向的明显特征之一（Breton-Miller & Miller，2006；何轩等，2014）。又如，高承诺家族容易形成企业的“管家文化”而注重员工导向（Zahra et al.，2008），在这种情形下，企业赚取的利润更可能会以超过同业企业水平的标准分享给员工（Barsade，2002）。更注重员工和合作伙伴也是企业追求长期导向的特征之一（Miller et al.，2008）。因而，从企业资源有效配置的角度而言，家族承诺是家族企业长期导向的来源之一。

进一步地，企业长期导向会对公司创业产生影响。高承诺的家族通过建立信任和积极的员工间关系所塑造的管家文化，导致家族对企业正式控制减少（Zahra et al.，2008），战略控制增加（Hsu & Chang，2011）。战略控制相较于财物控制而言（Hitt et al.，1996），它意味着企业使用长期战略相关而非短期财物相关的标准来评估企业管理者的行为和绩效（Hitt et al.，1996；Hsu & Chang，2011；Hatak et al.，2016）。当高承诺家族文化注重并形成企业长期导向战略时，企业有形资源的投入不要求企业的活动立即产生回报，企业鼓励进行基础性的创新研发工作以开发战略性成果储备，即便这些成果在短时间内可能并不会给企业带来利润（Wang & Bansal，2012），在此基础上进行公司创业，家族企业在一定程度上还可避免社会情感财富的损失（吴炳德等，2017；Gómez-Mejía et al.，2007）。此外，企业员工没有短期的绩效压力和解雇压力（Breton-Miller & Miller，2006），企业也能够更加宽容和支持员工在冒险行动中的失败（Calantone et al.，2003）。换言之，长期导向战略使员工收集和分享信息的完成客户常规性需求只是其工作内容的一部分，在长期奖励回报系统激励下，员工将被鼓励和支持进行基础性研发、项目论证以及市场不确定分析，以促进他们的冒险和创造性行动（Wei & Atuahene-Gima，2009）。就此而言，如果说家族承诺建立的是来自家族高层股东与员工的信任关系，那么在企业长期导向影响下，家族企业中的家族高层股东、非家族的中高层以及低层员工更可能形成上下目标一致的管家文化氛围，这有助于企业联合和协调内部不同部门管理者、小团体的利益以促进信息和知识在部门间的流动、分工与协调，以能帮助企业更有效地协调资源管理流程。在这一无形资源所形成的企业能力下，各层级员工能在产生自主性的情况下更有利于公司创业（刘新梅等，2017；Shimizu，2012）。综上所述，提出以下假设：

H4-2：家族企业长期导向在家族承诺与企业公司创业之间起到中介作用。

（三）环境不确定性的调节作用

创业行为与创业环境紧密相关。环境可以分为风险性环境和不确定性环境，奈特指出，“风险”是可度量的不确定性，其概率是可以求得的，而“不确定性”是不可度量的风险，我们并不能求得其发生的概率。近年来，创业领域的学者使用风险性和不确定性概念来讨论创业环境中所面临的创业机会问题（Alvarez et al.，2013；Hmieleski & Baron，2008；Hmieleski et al.，2015）。具体来说，低不确定性（或称为风险性）属于偏稳态环境（Hmieleski et al.，2015；Hmieleski & Baron，2008），根据奈特的观点，创业者可以收集数据、利用分析工具进行概率分布的计算，发现企业的创业机会（Alvarez et al.，2013），由此被具有创业警觉性的“套利者”俘获（Kirzner，1973）。高不确定属于高度动态环境（Hmieleski et al.，2015；Hmieleski & Baron，2008），此时创业机会不被发现，因为其甚至不曾出现在客观环境中，此时的创业机会是通过创业主体的想象对环境交织塑造，并不断迭代创造出来的（Alvarez et al.，2013）。

Aldrich 和 Cliff（2003）指出家族企业只有识别了有价值且适合企业的机会后，才会表现出乐于投入资源进而来开发创业机会。上述不同类型的创业机会（发现型 vs. 创造型），是企业基于发现型和创造型机会的创业活动所需要投入的资源，展现出不同的时间紧迫性。对于发现型机会（企业处于偏稳态环境下），机会是环境中的客观自然属性，此时市场中的产品或服务，或是有需求没有供给，或是有供给而没有需求（Dyer et al.，2008），在这种情况下，基于机会发现的创业活动要求创业主体在短时间内大量投入资源以填补市场的机会进而获取超额利润（Kirzner，1973），这种"即刻创业"本质来说就是一种短期资源的竞争（Sarasvathy et al.，2010）。对于创造型机会（企业处于高度动态环境下），此种创业机会独立于创业主体之外是不存在的，基于创造型机会的创业活动，需要创业主体在资源方面长时间的迭代、循环利用（Zahra，2008；斯晓夫等，2016a），甚至要求创业主体进一步获取其他的无层次资源（Discursive Resources）（Wright & Zammuto，2013），才能达到对机会的概念化和客观化，进而实施行动（Tocher et al.，2015），这种基于创造型机会的创业活动从某种程度来说属于价值观的竞争（Sarasvathy et al.，2010），因为它需要创业主体基于人的思维感官之上做出认知、理解、判断或抉择。

简单总结来说，在偏稳态环境下，有利于短期效率（如超额利润）追求的创业行为，因为这种发现型创业机会需要短时间大量投入资源。在高度动态环境下，有利于长期效果追求（如破坏式创新）的创业行为，因为这种创造型创业机会需要资源的迭代、循环使用甚至进一步获取其他层次资源。基于上述分析，提出环境不确定性会调节企业长期导向与公司创业之间的关系，假设如下：

H4-3：环境不确定性会调节企业长期导向与公司创业之间的关系。环境不确定性越高，长期导向与公司创业之间的正向关系越强，反之则越弱。

结合 H4-2 和 H4-3 所涉及的关系，进一步推断，环境不确定性对企业长期导向在家族承诺与公司创业之间的中介作用可能也存在调节效应，即构成被调节的中介作用。具体来说，在环境不确定性较高的情况下，企业长期导向与公司创业之间的关系较强，家族承诺通过长期导向的中介作用对公司创业产生的间接效应也会相应增强。假设如下：

H4-4：环境不确定性会调节企业长期导向对家族承诺与公司创业之间关系的中介作用。环境不确定性越高，中介作用越强，反之则越弱。

本章研究的概念模型如图 4-1 所示。

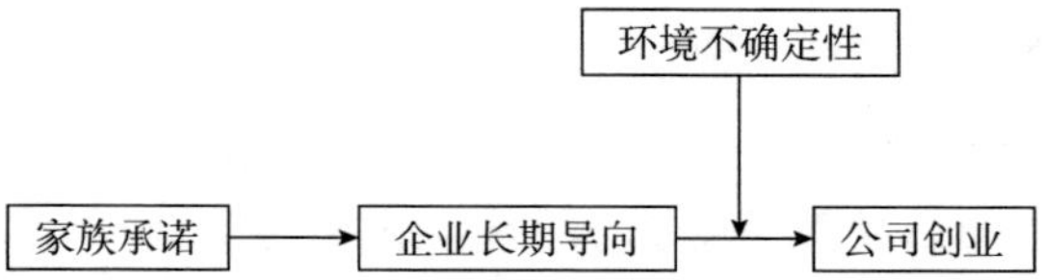

图 4-1　本章的概念模型

四、数据和结果

根据本书研究的目的，所有研究样本都必须是家族企业。根据 Chirico 等（2011）及陈凌和王昊（2013）对家族企业的操作定义，本书筛选出家族持股 50%以上，且家族中有 1 人及以上在企业的董事会或管理层任职的企业作为研究样本。符合条件的样本有 1092 家，去除数据缺失的样本，进一步把问卷相关指标填写完整的样本保留作为本章研究的最终样本，经比较，409 份最终样本与初始的 1092 份样本在企业规模、行业、负责人教育水平等企业人口学特征不存在显著性差异，因此，最终样本与初始样本具有同等程度的代表性。下面将介绍相关变量测量。

（一）变量测量

1. 因变量：公司创业

采用 Barringer 和 Bluedorn（1999）的测量方式，含有 9 个题项，由企业主填写。这一公司创业测量方式已被家族企业学者如 Kellermanns 和 Eddleston（2006）及 Kellermanns 等（2008）广泛应用。

2. 调节变量：环境不确定性

参考 Jaworski 和 Kohli（1993）及 Covin 等（2000）的量表，题项包括"很难预测顾客需求及对产品需求的变化"、"竞争对手的市场行为难以预测"、"企业之间的市场竞争非常激烈"，由财务经理填写，$\alpha=0.784$，因子载荷分别为 0.888、0.898、0.708。

3. 自变量：家族承诺

采用 Koropp 等（2013）的 4 个题项测量，由企业主填写，$\alpha=0.931$。题项包括：①我们家人对企业的目标、计划和政策有共识；②我们家人对企业非常忠诚；③我们家人很关心企业的命运；④我们家人愿意付出超常的努力来帮助企业取得成功。

4. 中介变量：家族企业长期导向

采用 Wang 和 Bansal（2012）的 4 个题项测量，由财务经理填写，$\alpha=0.953$。上述所有变量的测量均采用 7 分 Likert 量表。题项包括：①我们公司重视长期目标和战略（5 年以上的）；②我们公司主要依据长期目标来配置资源；③我们公司重视基础性研究以建立未来竞争优势；④我们公司主要围绕未来竞争优势的建立来制定战略。

5. 控制变量

（1）根据 De Massis 等（2014）的研究，考察家族企业的行为决策必须同时考察家族企业的能力与意愿，当研究主题聚焦于某一方面（如本章的研究偏重考察家族企业的意愿），则必须将另一方面作为控制变量进行控制，因此通过家族所有权比例进行能力维度的控制。

（2）分为企业、企业主以及行业层面来考虑其余控制变量。根据过往的研究，在企业层面，控制了企业规模、企业财务资本的可使用性；在企业主层面，控制了企业主年龄、过去是否有创业经历、文化程度；在行业层面，对制造业和非制造业进行了控制。

（3）考虑到我国区域经济发展的不平衡和其中不同的市场化程度差异化，控制了企业所在的地区。

对于共同方法偏差的问题，采用企业主和财务经理分别填写的办法，最大程度地避免了共同方法偏差，而且使用 Harman 单因素检验法进行检验，结果显示第一因子累积总方差解释率为 17.79%（总方差解释率为 76.38%），说明本次样本基本上不存在共同方法偏差的问题。

（二）数据分析结果

表 4-1 是本章研究各变量的相关系数和均值以及标准差的数据汇总，就自变量、中介变量与因变量之间的相关关系而言，家族承诺与家族企业长期导向（$r=0.380$，$p<0.01$）以及公司创业（$r=0.377$，$p<0.01$）均呈显著正相关，家族企业长期导向与风险承担亦呈显著正相关（$r=0.321$，$p<0.01$），这些结果初步支持了本章所提出的直接关系和中介效应相关假设。此外需指出，在相关系数表中列入了企业年龄的数据，而根据 Becker（2005）以及 Dou 等（2017）的建议，在回归分析中应把企业年龄排除在控制变量外。

对于本章研究假设的检验，数据分析的思路如下：首先，采用 Baron 和 Kenny（1986）检验中介效应的传统方法，来检验 H4-1 和 H4-2；其次，采用 Preacher 等（2007）所使用的方法（SPSS 宏插件）检验被调节的中介模型，以此达到检验 H4-3 和 H4-4 的目的。

1. H4-1 与 H4-2 的检验结果

对于研究 H4-1 和 H4-2 的检验，使用 SPSS 23 进行层次回归分析。所有回归方程均进行了多重共线性检验，其中 VIF 值均小于 1.5，结果表明不存在严重的多重共线性问题。回归分析的数据结果如表 4-2 所示。其中，M1 是长期导向为因变量时所有控制变量的回归模型；M2 是以家族承

表 4-1　意愿视角下的家族企业公司创业：描述性统计与相关系数

	平均值	标准差	1	2	3	4	5	6	7	8	9	10	11	12	13
1. 家族所有权	94.93	11.79	1												
2. 企业所在地	1.60	0.89	-0.020	1											
3. 企业主学历	2.26	0.90	-0.177**	0.011	1										
4. 企业主年龄	16.13	8.06	0.036	-0.084**	-0.022	1									
5. 企业长期导向	5.66	1.22	0.068	0.031	0.037	-0.065*	1								
6. 公司创业	4.97	1.11	0.014	0.050	0.144**	-0.074*	0.321**	1							
7. 家族承诺	6.13	1.04	0.148**	-0.004	0.060	-0.012	0.380**	0.377**	1						
8. 是否有创业经历	1.39	0.488	-0.056	-0.017	0.026	0.127**	-0.020	-0.071*	-0.057	1					
9. 是否为制造业	0.45	0.50	-0.015	-0.330**	-0.033	0.116**	-0.025	0.005	0.019	-0.005	1				
10. 企业主年龄	49.19	8.22	0.007	-0.066*	-0.190**	0.358**	-0.011	-0.063	-0.017	-0.072*	0.082**	1			
11. 过去绩效	0.18	1.96	0.029	0.146**	-0.013	-0.012	0.051	0.044	-0.185**	-0.032	0.027	0.020	1		
12. 环境不确定性	5.22	1.11	0.052	0.032	-0.037	0.039	0.235**	0.185**	0.171**	-0.024	0.029	0.017	0.043	1	
13. 企业规模	1.98	0.567	-0.027	-0.077*	0.108**	0.389**	0.073*	0.050	0.085**	0.006	0.235**	0.222**	0.004	0.107	1

注：**. 在 0.01 级别，相关性显著，*. 在 0.05 级别，相关性显著。

诺为自变量，长期导向为因变量的回归模型；M3 是公司创业为因变量时所有控制变量的回归模型；M4 是以家族承诺为自变量，公司创业为因变量的回归模型；M5 是以长期导向为自变量，公司创业为因变量的回归模型；M6 则是把家族承诺与长期导向放入模型中的回归模型。结果显示，M4 中家族承诺对家族企业公司创业存在显著效应（b=0.386，p<0.001），H4-1 得到了验证。而家族企业长期导向与公司创业的关系，根据 M5 也存在显著效应（b=0.169，p<0.001）。

表 4-2　中介效应的分析结果

变量	企业长期导向			公司创业		
	M1	M2	M3	M4	M5	M6
常量	5.278***	3.932***	3.748***	2.033***	2.827***	1.629**
企业主年龄	-0.005	-0.006	-0.004	-0.006	-0.003	-0.005
企业主学历	0.099	0.066	0.211	0.169***	0.195***	0.162**
是否有创业经历	0.084	0.139	-0.239	-0.165*	-0.249**	-0.178*
家族所有权	0.003	-0.001	0.009	0.003	0.008*	0.004
企业规模	0.136	0.085	0.221	0.164*	0.193*	0.152
过去绩效	0.438*	0.510	-0.019	0.070	-0.091	0.019
是否为制造业	-0.102	-0.110	0.054	0.041	0.074	0.054
企业所在地	-0.123	-0.131	0.011	-0.003	0.034	0.012
家族承诺		0.299***		0.386***		0.353***
企业长期导向					0.169***	0.101**
F 值	1.604	4.034***	3.393***	8.793***	4.716***	8.523***
R^2	0.031	0.083	0.064	0.167	0.097	0.178
调整后的 R^2	0.012	0.062	0.045	0.148	0.077	0.157

注：* 表示 p<0.05，** 表示 p<0.01，*** 表示 p<0.001。所有系数均为非标准化系数。

对于家族企业长期导向的中介作用，利用 Baron 和 Kenny（1986）提出的逐步回归的检验方法，首先，主效应 M4 是显著的；其次，将自变量家族承诺对中介变量企业长期导向进行回归，M2（b=0.299，p<0.001），

系数显著；最后，将家族承诺、家族企业长期导向对公司创业同时进行回归，如 M6 所示，自变量与因变量、中介变量与因变量均显著，而且，M6 中家族承诺对于公司创业的回归系数为（$b=0.353$，$p<0.001$），小于 M4 中家族承诺对于风险承担的系数 0.386，因此可以判断家族企业长期导向在家族承诺与家族企业公司创业中起部分中介效应。由此 H4-2 得到了验证。

2. H4-3 与 H4-4 的检验结果

对于 H4-3（环境不确定性对企业长期导向与公司创业之间关系的调节作用）和 H4-4（企业长期导向中介效应的调节作用），采用 Process 进行分析，结果如表 4-3 所示。由表 4-3 可知，回归模型中环境不确定性与企业长期导向的交互作用对于公司创业的影响达到了显著性水平（$b=0.0813$，$p<0.05$）。说明 H4-3 得到了验证。为了进一步明确上述调节效应的形态是否如原先假设所预期，绘制如图 4-2 所示的调节效应图。由表 4-3 的下半部分可见，当环境不确定性较高时，家族承诺通过企业长期导向作用于公司创业的间接效应显著，Boot 95%CI [0.0102, 0.1092]；当环境不确定性较低时，这一间接效应未达到显著性水平，因此 H4-4 得到了验证。

表 4-3　被调节的中介效应分析结果

变量	因变量：公司创业					
	b	SE	t	p	LLCI	ULCI
常量	4.3516	1.2545	3.4686	0.0006	1.8852	6.8180
企业长期导向	-0.3490	0.1906	-1.8313	0.0678	-0.7238	0.0257
家族承诺	0.3462	0.0563	6.1531	0.0000	0.2356	0.4568
环境不确定性	0.1192	0.0463	2.5716	0.0105	0.0281	0.2103
企业长期导向×环境不确定性	0.0813	0.0363	2.2407	0.0256	0.0100	0.1526
家族所有权	0.0028	0.0042	0.6663	0.5056	-0.0054	0.0110

续表

变量	因变量：公司创业					
	b	SE	t	p	LLCI	ULCI
企业规模	0. 1386	0. 0932	1. 4867	0. 1379	−0. 0447	0. 3220
过去绩效	0. 0904	0. 2167	0. 4169	0. 6770	−0. 3357	0. 5164
是否为制造业	0. 0043	0. 0978	0. 0443	0. 9647	−0. 1880	0. 1967
企业主年龄	−0. 1894	0. 2874	−0. 6588	0. 5104	−0. 7545	0. 3757
企业主学历	0. 1604	0. 0556	2. 8853	0. 0041	0. 0511	0. 2697
企业所在地	0. 0267	0. 0699	0. 3815	0. 7030	−0. 1107	0. 1640
是否有创业经历	−0. 2037	0. 0985	−2. 0670	0. 0394	−0. 3974	−0. 0100
有条件的间接效应	环境不确定性		效应值	SE	Boot 95%CI	
	−1SD（低）		−0. 0034	0. 0203	[−0. 0446，0. 0368]	
	M（5. 219）		0. 0238	0. 0168	[−0. 0057，0. 0635]	
	+1SD（高）		0. 0509	0. 0246	[0. 0102，0. 1092]	

注：模型的拟合系数：R^2 = 0. 1994；MSE = 0. 8987；F = 8. 2168；p = 0. 0000。

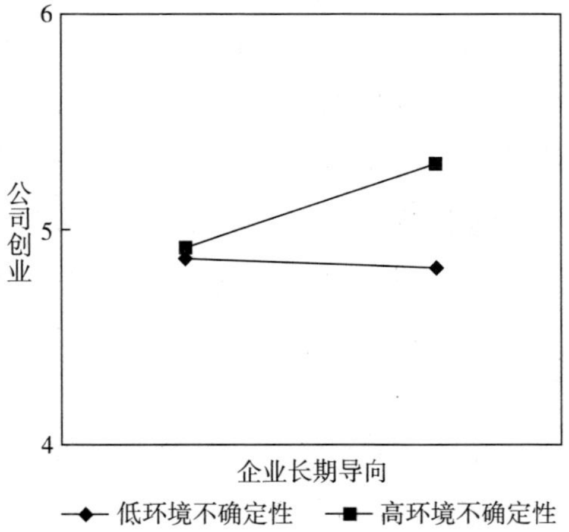

图 4-2　环境不确定性对企业长期导向与公司创业之间关系的调节效应

五、讨论

（一）结果分析与理论贡献

1. 在其他条件不变的情况下，高家族承诺促进家族企业公司创业

过往的实证研究，或通过比较家族与非家族企业来研究企业公司创业的异同（Short et al.，2009），或拘泥于研究家族企业控制权或管理权等权力维度对企业公司创业的影响（Zahra，2005；Block，2012），而忽视了家族企业之间的异质性，尤其是家族企业之间家族意愿异质性对家族企业行为决策的影响。本章在现有研究的基础上，探究了家族承诺与企业公司创业的作用关系，研究结果显示，高家族承诺的家族企业对家族企业公司创业具有促进作用。本章回答了 Zahra 等（2008）提出的“家族承诺是否有利于家族企业创业”的问题，揭示了家庭成员之间的良性互动对于家族企业创新创业的积极作用，推进了家族涉入对于家族企业创新创业的研究。比较表 4-2 中 M4 的回归结果可以发现，作为权力维度的家族所有权与家族企业公司创业并没有显著相关性，从这点来说，家族所有权并不是家族企业公司的决定性因素（与第三章的结论一致），在有家族意愿维度涉入的情形下，家族企业更有可能进行公司创业。家族企业的任何理论都应该描述为什么家族企业是异质性的以及它的独特性是如何构建的（Klein et al.，2005；Chrisman et al.，2012），本章的结果表明，有些家族企业选择进行公司创业的原因是具备了较高的家族承诺，这为更好地理解家族企业异质性提供了经验支撑。

2. 家族企业长期导向在家族承诺与公司创业之间起部分中介作用

由于家族因素的涉入，家族企业在行为决策时常需要思考的一个问题

是：家族优先（Family-First），还是企业优先（Business-First）。家族承诺的影响，是塑造了企业及其员工的心理状态或反应，以此作用于企业层面的公司创业。具体来说，高承诺的家族，其家族成员愿意把自身贡献给企业，形成了家—企融合的良好基础，家族愿意为企业提供有形的资源，长期导向下对于家族企业而言有更长的时间进行项目论证以及市场不确定分析，并进行资源配置以承担公司创业风险。同时，长期导向下家族企业中的家族高层股东、非家族的中高层以及低层员工更可能形成上下目标一致的管家文化氛围这一无形的企业资源，有利于创新创业事业的探索和执行。家族的因素（家族承诺）通过影响企业的因素（长期导向）并一起最终传导作用于家族企业的公司创业。就此而言，本章基于资源基础理论的研究分析结果阐述了家—企之间纽带关系对家族企业公司创业的一个作用机制，能在一定程度上帮助理解为什么（Why）有的家族企业能从事公司创业（Minola et al.，2016）。

3. 环境不确定性的调节作用

本章研究发现家族承诺通过企业长期导向这一近端的结果而对作为远端结果的公司创业发挥影响时，还具有情境（环境不确定性）依赖性。具体而言，运用 Process 进行分析的结果证实了环境不确定性对“家族承诺→企业长期导向→公司创业”这一中介过程所起到的调节作用。当环境不确定性较高时，通过长期导向所传导的家族承诺对公司创业的间接影响较强；相反，当环境不确定性较低时，长期导向所传导的间接影响则不显著。亦即家族承诺通过长期导向的中介作用对公司创业产生的影响效应仅限于高环境不确定性条件。这说明了企业所面临的创业环境因素在促使企业长期导向转化为公司创业方面发挥重要影响。正如前文所提及的，在高度动态环境下，更有利于基于创造型机会下追求长期效果的家族企业公司创业。从这个角度来说，对于追求长期导向进行公司创业的家族企业家们属于企业家而不是资本家（Foss et al.，2007），因为真正的企业家精神是承担不确定性，而不是如柯兹纳所描述的企业家是警惕市场机会缺口而赚取利润。就此而言，本章的实证研究结果能够帮助理解创业学者所提出的

“基于发现型机会的创业活动本质来说就是一种短期资源的竞争，而基于创造型机会的创业活动更强调企业价值观竞争”的观点（Sarasvathy et al., 2010）。

总体来说，家族企业的创业活动相较于非家族企业有更为复杂的过程（Hoy，2006），需要通盘考虑家族企业中的组织情境因素（Minola et al., 2016）。本章有关被调节中介效应的研究结果不仅为“家族承诺为何会影响公司创业”这一问题确认了重要的解释机制和视角，而且初步确立了家族承诺借由企业长期导向对公司创业发挥影响的边界条件，它们表明了将中介变量和调节变量纳入同一理论框架加以探讨和整合分析的必要性，如此操作有助于我们更加全面而完整地了解变量之间影响的传导过程及其权变情形的全貌。

（二）实践启示

本章对家族企业的实践具有重要启示。中国是一个家文化传统悠久和深厚的国度，自古便有“家和万事兴”的观念，家族成员间建立共同利益和目标，更易进行合作。储小平（2000）认为，家族成员间良好的信任规则有利于家族创业，因而家族企业应尽可能通过提高家族承诺以有利于企业有益的创新创业氛围，避免家族成员间因为目标、利益不一致而导致相互掣肘。同时，本章的研究结论说明，家族企业的创新创业需要家族和企业间建立紧密的联系，这种联系始于家族股东或管理的高层，自上而下地把追求效果、不急于求成的理念传递给中低层企业员工，并能给予员工创新创业的自主性。

此外，在高不确定性环境下更需要如网易创始人丁磊所言的：“只要耐得住寂寞，才拥有繁华。创新是一座孤岛，在这样的抢滩中不怕孤单，寂寞过后便是繁华盛世。”在我国民营企业转型升级的大背景下，全社会尤其是政府部门要鼓励家族企业结合国家和区域发展机遇，追求企业的长期价值创造，鼓励企业潜心专注地谋求创新发展。

（三）研究局限与展望

本章存在一定的研究局限和不足之处。研究中的所有变量均采用问卷调查的方式进行测量，尽管从企业主（填写家族承诺与公司创业）和财务经理（填写企业长期导向和环境不确定性）两个来源收集相关数据，并在时间上进行了区隔，但由于家族承诺和公司创业均是对企业主进行测量的，无法在二者之间确立明确的因果关系。换言之，不能排除“因为家族企业公司创业而导致家族承诺更高了”这种可能性，因此，未来的研究可以采用纵向研究等方法来进一步解决这些问题。其他研究展望方面，首先，从家族系统视角去探索家族—家族企业公司创业的作用关系，未来还可以发掘其他家族异质性的解释因素，进一步解释什么样的家族会选择企业公司创业。其次，家族企业面临的其他环境属性，如制度环境是如何影响长期导向与企业公司创业之间的关系也是未来可积极探索的方向。

六、本章结论

本章研究旨在探索家族意愿（家族承诺）对家族企业公司创业的影响机制，并着重考察企业长期导向的中介作用与环境不确定性的调节作用。通过对全国范围内私营企业进行抽样调查，对数据的分析结果显示：①在其他条件不变的情况下，家族承诺对企业公司创业存在正向影响；②家族企业长期导向在家族承诺与企业公司创业之间起到中介作用；③环境不确定性会调节企业长期导向与公司创业之间的关系。并且在家族承诺影响公司创业的过程中，企业长期导向与环境不确定性构成被调节的中介效应，亦即环境不确定性较高时，通过长期导向所传导的家族承诺对公司创业的间接影响较强。

第五章

家族涉入下公司创业何以成功：基于方太集团的探索性研究

一、引言

现有文献对非家族企业中公司创业已经有较多的理解，但对家族企业情境下的公司创业，尤其是公司创业过程的研究相当匮乏（Mckelvie et al.，2014），造成了现有理论在解释家族企业公司创业上存在以下问题：首先，通过过去少数静态的因果研究，让我们了解家族企业可能会在某个时间节点，如有代际涉入（Kellermanns et al.，2008）情况或过去绩效不佳（Gómez-Mejía et al.，2007）的情况下进行公司创业，但现有研究还少有从动态发展的视角来剖析家族企业公司创业，这导致了我们往往只能从点的程度了解公司创业“What”和“When”的问题，而阻碍了从面的深度理解公司创业“Why”以及“How”的举措（Minola et al.，2016）。其次，创业过程是创业者在与机会互动下通过整合资源而开展的实现价值创造的过程（Gartner，1985），识别、评价和开发机会是创业过程的核心（Shane & Venkataraman，2000）。然而，现有的研究有以制度和文化（Hall et al.，2001；李新春等，2008）、网络（Toledano et al.，2010）以及身份认同/冲突为线索分析刻画家族企业公司创业活动的过程，但鲜有以机会为线索分析家族企业公司创业活动的过程，这不仅无法把握创业过程的核心，也限制了我们对家族企业公司所识别创业机会类型的理解。

私营企业绝大多数属于家族企业形式（王陆庄和陈凌，2006）。家族企业的一个关键问题是传承与接班。传承不利带来的可能不仅是企业发展的问题，还可能导致更严重的家族企业消亡。因此，李新春等（2008）指出："家族企业要在跨代之间实现长期可持续性发展，并不取决于权力的简单交接，而是源于家族企业背后家族创业精神的传承。"由此可见，研究家族涉入下的公司创业过程，不仅可以探讨如何帮助家族企业再一次在企业或市场衰退中恢复活力（Hoy，2006），还可以为家族企业创业接班方式（Dyer & Handler，1994）提供思路上的启示。

基于上述理论分析，本章采用纵向案例研究方法，选取家族企业公司创业实践的标杆——方太集团为研究对象，分析其公司创业的过程，归纳不同阶段公司创业来自家族的涉入因素和机会识别方式的演变，并试图构建一个基于家族企业层面的动态公司创业长效路径，以回答"为什么有的家族企业比其他的家族企业在公司创业上更成功"的问题。同时结合方太集团所取得的公司创业绩效，提供家族企业创业接班的启示，以此为中国家族企业实现转型升级和代际可持续发展提供一定的借鉴和参考。

二、文献回顾

（一）公司创业与家族企业

公司创业是一个伞概念（Umbrella Concept），Guth 和 Ginsberg（1990）提出公司创业包含投资成立新的机构（Corporate Venturing）和战略更新

（Strategic Renewal）两个维度。战略更新是指对组织发展有重大影响的组织特性的改进或替换。投资成立新的机构是一种正式的外部创新活动，后来的学者提出在原有企业内部的创新活动，如保持企业的创业精神或创业姿态（Covin & Slevin，1989；Zahra，1991）也应纳入公司创业的范畴①。Sharma 和 Chrisman（1999）在对文献分析的基础上，把公司创业归为三个维度，包括创立一个新的机构（Corporate Venturing）、战略更新（Strategic Renewal）以及创新（Innovation），包含上述三者其中之一即可算是公司创业②。本书采用 Sharma 和 Chrisman（1999）的定义。

组织为什么要进行公司创业？Kuratko 和 Welsch（2001）提出当企业遇到以下三个问题或困境时，就应该考虑公司创业。首先是企业已经处于衰退和停滞的边缘，有改进、创新和获得市场份额的需求；其次是已经感知组织在现有的公司管理方法中存在较明显的弱点；最后是现有组织中官僚风气较重，有必要以创业的方式来扭转员工的心智。

家族企业常被诟病是“保守”、“停滞”、“富则思安”的代表（Miller et al.，2008；张远飞等，2013），而公司创业是旨在通过系列创新创业活动，使企业具备前瞻性，并通过相应的风险承担行为追求新的市场机会的行为，因此 Nordqvist 和 Melin（2010）提出家族企业和公司创业之间似乎存在着一种“天然的关系”，越来越多的学者研究认为，家族企业中公司创业可以帮助家族企业保持生存、提高利润以及助力创新成长（Kellermanns & Eddleston，2006；Hall et al.，2001；Salvato，2004）。

家族企业相比于非家族企业，在研究分析其公司创业时必须考虑家族的涉入。首先，家族的涉入直接影响着家族企业是否会进行公司创业。Hoy（2006）指出，一般来说企业所在的生命周期会影响其是否进行公司

① 对创业定义的起源比较，创业定义可以归为两个类别：一是参考熊彼特（1934）的经典著作，认为创业核心是创新，创业主体就是要创新性地整合，对产品、服务、市场、过程、供应商、组织形式等进行创新，这既可以是成立新企业，也可以是在原有企业内发生；二是 Gartner（1988）的经典文献认为，创业的本质是一定要创造一个新的组织。

② 创新也可视为战略更新和创立新机构这两项公司创业内容的基础工作（Sciascia & Bettinelli，2013）。

创业（如企业处于衰退期），而在家族企业中，如果家族企业处于衰退期而且此时有后代的涉入，其进行公司创业的可能性更大（Hall et al.，2001）。此时就如 Nordqvist 和 Melin（2010）所言："家族企业公司创业不仅属于新的进入（创业活动），也属于新的退出。"其次，家族涉入体现在资源投入上。创业是一项需要投入资源的活动，家族企业由家族和企业两个系统耦合而成，公司创业所需要的有形和无形资源，不仅可以来自企业，还可以来自家族（Habbershon & Williams，1999；Lumpkin et al.，2011）。最后，家族涉入还体现在家族成员目标的追求情况会引起不同的代理问题。家族企业中的家族成员作为股东，当家族成员间目标一致时，家族将推动企业的创业活动（Zahra，2005），此时家族为公司创业提供"氧气"（Rogoff & Heck，2003）；当家族成员间目标不一致时，此时家族将成为"冲突地"而阻碍公司创业活动（Block，2012）。归纳来看，家族涉入可以分解为家族权力的涉入和家族意愿的涉入。权力是指家族决定分配、增加或处置公司资源的酌情裁量权，所有权和管理权是权力维度的主要刻画指标（De Massis et al.，2014；Daspit et al.，2018）。意愿是指家族在处理不同行为决策时的喜好倾向。

（二）家族企业公司创业过程

现有研究中分析刻画家族企业公司创业过程的文献相对匮乏（Mckelvie et al.，2014）。Hall 等（2001）以组织文化为线索探讨了家族企业公司创业过程，基于两个深入的家族企业案例研究的结果，作者提出家族企业的公司创业过程，是管理者不断培养和建立显性与开放企业文化并能向企业的员工清晰表达的过程。李新春等（2008）通过对李锦记集团的个案研究，指出家族企业中的制度创新与文化创新在家族企业进行公司创业过程中起着根本的作用。Toledano 等（2010）通过对西班牙家族企业的比较案例研究指出，家族企业公司创业活动的出现是家族企业中员工间网络关系以及所有者—经理人员信任关系网络建立的过程。上述研究无论是组织文化，还是制度和网络，都是从战略学视角对公司创业过程的刻画，然而以识别、评估和开发创业机会为主线，才是创业研究成为独立学术领域的基础（Shane &Venkataraman，2000）。从这个角度来说，公司创业的研究需要以机会的视角切入，详细刻画公司创业的机会识别过程，突出公司创业的核心要素。

（三）创业机会

机会利用是创业过程的核心驱动力。开始创业时，商业机会比资金、团队的作用更重要（Timmons et al.，1994），识别和选取正确的创业机会是成功创业者最重要的能力（Ardichvili et al.，2003）。Grégoire 等（2010）提出机会识别的过程是创业者努力把信号（如个体接触的新信息、新条件）形成有意义的信念，这种信念能带来一些行动（但不保证取得最终净利润）。识别机会包含客观和主观两种情况：客观情况是个体所处客观现实情境中机会本身就存在，有创业警觉性（Alertness）便能识别；而主观识别过程，则需要个体把其自身信念产生的机会，在被客观认识之前向其他人进行概念化和客观化的解释（Wood & McKinley，2010），以达到机会的被识别。

德鲁克（1989）提出创业活动应该是从系统分析各种机会开始的。机会的窗口包括 7 种情况：①意外的外在事件；②不协调事件；③基于程序需要的创新；④产业和市场结构变化；⑤人口统计数据变化；⑥认知、情绪及意义上的变化；⑦新知识，包括科学的和非科学的。上述 7 种机会的识别可以分为主动搜索、被动搜索和偶然发现（Kaish & Gilad，1991；张红和葛宝山，2016）。主动搜索是指创业者为了开辟新的业务领域，以更好地参与竞争而运用自己的专有知识和技能搜索创业机会；被动搜索是指创业者因为经营陷入困境而被迫去搜索创业机会；偶然发现是指创业者通过偶然获得的新信息或异质信息凭借运气意外发现创业机会。

（四）研究缺口与思路

公司创业作为家族企业一项战略产出，从前因研究来看，过去少数静态的实证研究让我们了解家族涉入下家族企业可能会在某个时间节点情况下进行公司创业，但现有研究还少有从动态发展的视角来剖析家族涉入对家族企业公司创业的影响，这阻碍了从面的深度理解公司创业“How”的举措（Minola et al.，2016）。

同时，鲜有以机会识别为线索分析家族企业公司创业活动的过程，这不仅无法把握创业过程的核心，也限制了我们对家族企业公司所识别创业机会类型的理解。

从过程演化的视角看，家族企业公司创业的过程可分为成立期、扩张期和成熟期（Minola et al.，2016），家族涉入在家族企业公司创业动态过程中是如何演化的？创业动态过程中机会识别的方式发生了怎样的转变？通过上述两个问题，本章试图以案例研究的方法探究为什么有的家族企业比其他家族企业在公司创业上更成功的问题。本章的分析思路如图 5-1 所示。

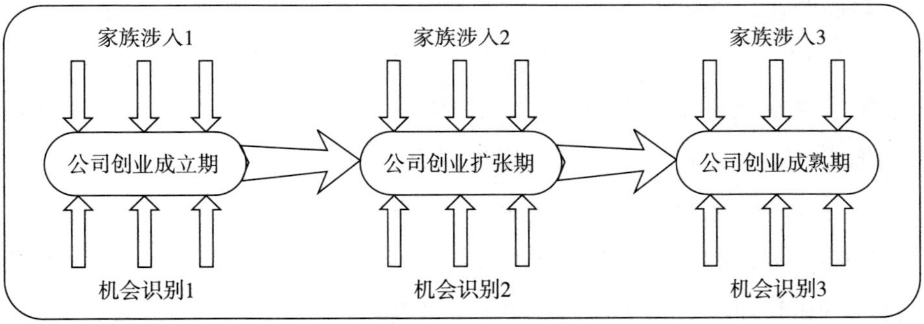

图 5-1　案例研究思路

三、研究设计

案例研究是基于丰富的定性数据，对某一特定现象问题进行深入描述和剖析的方法（Yin，1994）。这种方法有助于理解某一特定现象背后的动态复杂机制（Eisenhardt，1989），尤其适合用于观察和总结企业内部的纵向演变机制。因此，本章确定以案例研究的方式探讨中国典型家族企业公司创业的动态演化过程。此外，与多案例相比较，Yin（1994）提出单案例研究设计适合五种情形：①对一个广为接受的理论进行批驳或检验；②对某一极端案例进行分析；③研究有代表性的或典型性的案例；④研究启示性案例；⑤对同一个案例进行纵向比较。而且，Eisenhardt 和 Graebner（2007）提出，与多案例研究相比，单案例研究更适合提炼出解释复杂现象的理论或规律。基于上述参考意见，本书要研究的是有代表性的案例并且对同一个案例进行纵向比较，因此，采用单案例研究方法来展开研究。

（一）案例选择

案例企业样本的选择必须满足案例研究的典型性和代表性（Eisenhardt，1989），并且，要根据其是否非常适合发现和扩展概念之间的关系和逻辑来决定（毛基业和李晓燕，2010）。本章按照以下三个标准选择了方太集团（以下简称方太）进行案例研究：

1. 家族企业有过公司创业的过程

20 世纪 90 年代，茅理翔创立的点火枪企业因为行业门槛过低而面临经营困境和管理压力，于是，辞去宁波飞翔集团（以下简称飞翔）董事长一职的茅理翔和儿子茅忠群在 1996 年一起创办了厨房电器企业——方太集团。

2. 企业具有典型代表性

从企业层面发展来看，方太通过 20 年的发展，在茅氏家族的共同努力下，创立了知名高端名牌——方太，不仅在吸油烟机市场处于领先地位，而且其其他厨房电器设备也保持行业领先。可以说，方太经历了从半市场化的乡镇企业到完全市场经济的现代化企业的发展演变。方太的年销售额已经超过了 100 亿元，两次登上中央电视台新闻联播作为企业转型升级和创新发展的典型。从家族层面过渡来看，方太在 1996 年成立时，茅理翔任董事长，其妻任副董事长，儿子茅忠群担任产品设计的负责人，到2006年，茅理翔夫妇都已经完全退出了方太的日常经营活动。可以说，方太完成了茅理翔提出的“带三年、帮三年、看三年”的创业接班目标，家族涉入在公司创业过程中从家族成员任职上已经客观地体现了动态性特征。

3. 纵向案例的调研便利性和数据可获取性

从调研便利性和一手资料获取性方面，浙江大学家族企业研究团队很早就和茅理翔父子有过交流、合作与探讨，家族企业研究团队可以说一直跟踪着方太的发展。同时，方太以及茅氏家族也一直在支持浙江大学的学术研究，他们在2005年支持浙江大学家族企业研究所的成立，并一直在不遗余力支持每年的创业和家族企业研讨会。每年浙江大学家族企业研究团队都能到方太企业中与员工以及家族成员进行不同程度的交流，这为本书积累了大量的研究素材和纵向数据。此外，茅理翔父子属于“学者型”创业者，茅理翔已经著书多部，在书中有大量的结合方太企业发展和传承实践的案例阐述，儿子茅忠群曾经出版《方太论剑》对话录，这些也可以说都是准一手资料。

（二）数据收集

为提高案例研究的信度和效度，本章研究采用多种来源数据。主要包括采用半结构化访谈、非正式访谈、现场观察和二手资料收集等多种不同的数据收集方法。首先，研究小组采访了多位来自不同职能部门的高中低层管理者，并采用半结构化访谈的方式开展深入访谈，访谈人员包括茅理翔本人及助理、财务中心管理者、研发人员、家业长青学院的负责人。其次，研究小组成员与茅忠群、家业长青学院的工作人员、基层车间员工、售后负责人员，利用考察、会餐间隙有过非正式的交流。再次，实地参观了方太生活展览馆以了解方太创业创新的发展史。方太生活馆主要展示了方太从创业以来的创新产品，并通过产品的展览，向参观者传达了方太厨房理念的变革。这为研究小组了解和梳理方太创新创业实践过程提供了翔实的文字和图片资料。另外，还参观了方太技术研发中心、售后服务中心、生产车间、方太国学馆等。在参观中，与技术人员和管理人员进行交流，了解方太产品的故事，体悟方太的企业文化。最后，二手资料的收集，可以分为档案资料和文献资料的收集。档案资料主要包括三个环节：通过方太集团的官方网站了解方太的发展历程和基本情况；查阅方太集团的产品开发情况介绍和企业内部的高层讲话资料；查阅有关方太集团家族方面、创新创业方面的新闻报道，包括《人民日报》、中央电视台、浙江电视台、新华网、人民网、网易新闻、《第一财经周刊》等。文献资料方面，利用中国知网学术文献总库检索了与方太集团相关的学术文献。

（三）阶段划分和数据编码

纵向案例的研究，需要对案例进行阶段划分（许庆瑞等，2013）。研究小组根据方太集团公司创业成长过程中的重要事件，将其发展阶段划分为三个时期，即成立期（1995～2000 年）、扩张期（2001～2006 年）、成熟期（2007～2016 年），如表 5-1 所示。划分的依据主要包括：①这三个阶段的划分较好地体现了方太主营业务的变化过程，即“单一吸油烟机→嵌套式厨房电器→高级嵌入厨房专家”。②这三个阶段与茅家重要家族成员的职务变动事件基本相契合，即 2000 年茅理翔的夫人张招娣退出，不担任方太的副董事长、采购部经理职务；2006 年茅理翔卸任董事长一职，并把股份全部转给茅忠群；相应地，茅忠群的职务从早期的负责研发到负责营销，再到完全接管方太。③这三个阶段的时间划分，基本符合茅理翔所制定的“带三年、帮三年、看三年”的时间表。

表 5-1　方太公司创业过程的阶段划分

创业过程	时期	主营业务	关键事件
成立期	1995～2000 年	吸油烟机	·茅理翔告别飞翔集团，和家人一起重新创业 ·确定生产吸油烟机项目 ·品牌命名“方太”，请著名美食节目主持人代言 ·生产第一台深型吸油烟机

续表

创业过程	时期	主营业务	关键事件
扩张期	2001～2006 年	集成厨房电器	·茅理翔妻子不再担任集团副董事长和采购部经理职务 ·方太正式进入集成厨房行业 ·推出中国第一套具有共同设计风格的厨房三件套“银家三系”
成熟期	2007～2016 年	嵌入式厨房电器专家	·茅理翔将董事长职位和管理权彻底交给茅忠群 ·方太迁入占地 25 万平方米的杭州湾工业园区 ·“FOTILE 方太”品牌定位于“嵌入式厨房电器专家” ·正式推出方太高端橱柜品牌“柏厨”

收集数据后，我们对数据按照时间序列进行梳理与编码。具体的编码程序为：首先，将第一手资料和二手资料整理形成文字材料；其次，根据家族涉入、机会识别和公司创业的相关理论，定义出相关编码变量。同时，对一手（包括准一手）和二手资料按照时间成立期、扩张期、成熟期进行标记，一手资料依次编码为 F1～F3，二手资料依次编码为 S1～S3。在家族涉入方面，从能力和意愿两个维度进行编码；在机会识别方面，从主动搜索、被动搜索、偶然发现三个维度进行编码，并且对机会的类型按照德鲁克的 7 个机会来源进行编码；在公司创业方面，按照成立新机构、战略更新、创新三个维度进行编码。编码过程中对有异议的题项反复讨论直至达成一致，将讨论后仍然无法达成一致的条目视为无效并删除，得到最终的有效题项。

四、案例分析

（一）方太成立前的背景介绍

方太的成立是从飞翔集团的危机开始的，具体来说是从茅理翔不再从事点火枪经营开始的。20 世纪 80 年代中期，中国东南沿海地区掀起第一波创业潮。在浙江慈溪做供销科长的茅理翔找到了自己的创业项目——点火枪。企业取名“飞翔”。茅理翔的妻子原是一家纺织厂副厂长，后来也决定辞职下海，当起了茅理翔的副手。夫妻二人携手共渡难关，开启了茅氏家族企业之门。如今看来，那是茅理翔最早生产的“厨房电器”。经过四五年时间的打拼，茅理翔的飞翔点火枪便已产销量世界第一，他自己则成了名副其实的世界“点火枪大王”。

1991 年的中国进出口商品交易会（广交会）上，出现了另一个点火枪展位，就设在茅理翔的展位对面，而且其产品跟飞翔所生产的一模一样，但价格更低。茅理翔不得不跟对方打起价格战，却没能阻止自己一半的客户被抢走。看了对方的产品，他才明白，点火枪技术门槛太低，为他生产塑料配件的那家工厂掌握了整个生产链，已经“单飞”去生产点火枪了。

1993~1994 年，飞翔周边生产点火枪的企业有几十家，本由茅理翔一人垄断的广交会点火枪展位，逐渐多了起来。激烈的市场竞争导致产品价格下跌，飞翔点火枪价格从每只 1.2 美元降至每只 0.3 美元，企业面临生存危机。“或涅槃重生，或就此沉沦”似乎成了茅理翔眼前的一道单项选择题。

点火枪技术含量低，单靠以量取胜绝不是长久之计。不仅使企业面临生存危机，而且茅理翔因为经营企业时心思细腻，实行传统的“家长式管理”，无论大事小事都要亲自过问和参与，日积月累随着业务规模的扩大，越来越感到力不从心。总之，无论是产品还是管理，飞翔都面临着巨大的企业转型压力，茅理翔把儿子茅忠群“拉下水”加入企业的想法越来越强烈。事实上，此时飞翔处于关键节点，恰好茅忠群也处于重要人生节点，读理工科的他即将上海交通大学硕士毕业。

（二）公司创业成立期（1995~2000 年）

茅理翔向儿子表达了希望他回来一起谋求飞翔蜕变，共同进行公司再创业的想法。但是，茅忠群此时的第一选择却是去美国继续深造读博士，因而茅忠群总是一副“我看看再说”的态度。接下来的半年，小茅时不时在老茅的厂里转悠，从生产线到后勤部门都看个遍，还是沉默不语。这时候老茅沉不住气了，他为小茅的“回家就业”召开了家庭会议，后来通过母亲的牵线，儿子同意回到家族企业中，但提出了三点要求：一是放弃点火枪，研发新产品；二是离开乡下老厂，到城里开发区筹建新厂；三是飞翔“旧人”一个不用，打造全新团队。

1995 年，父子二人通过去日本考察初步达成一致——生产厨房电器，同时茅忠群认为不再用“飞翔”的企业名称，并正式到工商部门注册“方太”商标。至于具体生产何种厨房电器，两人最初产生了一些分歧，茅理翔到广东、福建市场调研，提出生产微波炉，而茅忠群在浙江、江苏调研，认为更应该生产吸油烟机。通过进一步市场问卷调查，茅忠群得出一个核心结论——对家庭而言微波炉可有可无，吸油烟机是厨房必备品。茅忠群的理由有三个：一是从趋势看，随着生活水平的提高，尤其是中国住房改革的热潮，吸油烟机正大步进入现代家庭，中国年产吸油烟机当时仅为 300 万台，而需求量却达到 600 万台，吸油烟机是家庭必需品，市场空间非常大。二是吸油烟机行业正处于换代时期，国内吸油烟机产品虽多，但多为国外产品的“山寨货”，没有真正的原创产品设计，主要体现在风量和吸力达不到理想水准，不适合中国人做饭油烟大的特点，而且由于设计结构不合理，普遍存在滴油、漏油的弊病，使人们对吸油烟机怨声载道，很多人认为还不如用换气扇好。三是从产品定位来看，中国吸油烟机没有真正适合中国人的高端好产品。当时其他家电高端市场都有高端洋品牌介入，而油烟机高端市场却是空白。市场上现有的吸油烟机在样式、油路、拆洗、风量、噪声、耗电量等方面大有改进的潜力，高端或许就是方太的突破口。

茅理翔和其他家族成员在事实面前确定方太将专注生产吸油烟机，家族成员一致支持，茅理翔是董事长，妻子是副董事长，儿子茅忠群是总经理；女儿没有进入管理层，但拥有 14%的股份，而且她所创立的公司凌克，是方太主要的风机供应商。

方太在创业成立期阶段的典型引用语举例及编码如表 5-2 所示。

表 5-2　方太创业成立期阶段典型引用语举例及编码

构念	测度变量	典型引用语举例	关键词	编码结果
家族涉入	涉入类型	“我（茅理翔）要进行二次创业，需要茅忠群回来帮我”（F1）；“父母挺不容易的，辛苦了 30 多年，我父亲对民营企业有份特殊的感情，但不是看重钱财，而是这个事业必须有人继续走下去”（F1）；茅理翔的女儿成立凌克公司，为方太吸油烟机的产品提供风机配件（S1）；茅家占股 80%以上，茅忠群的妹妹出资购买了 14%的股份（S1）	· 回家帮忙 · 事业继续 · 家庭角色分配 · 股权分配	· 意愿涉入 · 权力涉入
机会识别	识别方式	点火枪技术门槛太低（F1，S1）；放弃点火枪，研发新产品（F1，S1）；去日本考察初步达成一致——生产厨房电器（S1）；茅理翔到广东、福建市场调研，提出生产微波炉，而儿子茅忠群在浙江、江苏调研（F1，S1）	· 被迫寻找新机会 · 外出考察 · 外出市场调研	· 被动搜索
机会类型	机会类型	随着生活水平的提高，尤其是中国住房改革的热潮，吸油烟机正大步进入现代家庭（F1，S1）；现有的吸油烟机在样式、油路、拆洗、风量、噪声、耗电量等方面大有改进的潜力（S1）	· 住房改革 · 改进潜力	· 人口统计机会 · 认知及意义上的机会
公司创业	公司创业维度	茅忠群认为不能再用“飞翔”企业名称，而改用“方太”；离开乡下老厂，到城里开发区筹建新厂；在市场上率先推出“罩电分离拆洗更易”的方太产品，即深罩型大圆弧流线性吸油烟机（S1）	· 不用旧名称 · 建新厂 · 率先推出	· 成立新的机构 · 创新

（三）公司创业扩张期（2001~2006年）

2001年前后，吸油烟机行业竞争发生巨大变化。大家电企业开始瞄准小家电领域。吸油烟机的低技术含量、高利润回报以及巨大的市场空间吸引了海尔、美的、科龙、格力、荣事达、小天鹅等大家电集团军的纷纷加入。他们利用品牌、资本和营销资源优势，对吸油烟机行业造成了较大的冲击。其中发展较快的当数海尔和美的。凭借品牌优势、雄厚的资金实力、健全的营销网络和销售平台，以短、平、快的灵活机制和运作模式，对传统品牌油烟机生产厂家产生很大冲击。

“销售人员一直希望公司高层同意参与到国内外吸油烟机品牌的价格战中，但是如果选择价格战，方太的高端定位就面临付之一炬的风险。”茅忠群回忆道。方太选择的不是价格战，而是继续创新，并且通过创新一举实现了方太的发展。

这一阶段，一方面，方太对外观创新，进行“欧式外观中国芯”设计。具体来说，茅忠群发现国外的产品没有本土化，普遍存在噪声大、吸力小等缺点，不适合中国家庭的厨房。但为什么还是有国人喜欢国外品牌呢？茅忠群发现其原因还是在外观和品味上。欧式造型的吸油烟机图片遍布中国时尚杂志，产品深受精英阶层的推崇。方太通过持续的品质创新和外观设计创新，彻底稳住了吸油烟机市场，上演了一出后发制人的好戏。“欧式外观中国芯”，其高端的定位曾帮助方太一举从价格战的围攻中解脱出来，以高于市面20%的价格火爆流行。

另一方面，方太有战略新举措——进入集成厨房电器生产行列。茅忠群在接受采访时回忆说，21世纪初，一个机构调查消费者会选择何种品牌的灶具，选择比例最高的品牌居然是方太，要知道，当时方太还没有推出灶具产品。原先不生产吸油烟机的家电品牌纷纷进入厨房电器乃至吸油烟机领域，方太不进入其他类家电，但能不能进入其他厨具领域呢？父子俩为方太选择了肯定的答案，迈开了在其他厨电领域发展的步伐。2001年，方太投资2980万元建设年产30万台中高档嵌入式灶具生产基地，后又推出海贝消毒碗柜和集成厨房。公司很快具备年产吸油烟机 100 万台、燃气灶 30 万台、消毒碗柜 10 万台、整体厨柜 1 万套的生产能力。方太开始朝着专业厨具生产商的方向发展。2002 年 8 月，方太推出中国第一套具有共同设计风格的厨房三件套“银家三系”；银风（吸油烟机）、银火（燃气灶）和银净（食具消毒柜）。这既是工业设计在厨房电器领域从单体产品到多件产品的延伸应用，又是方太厨房电器成套化发展的雏形。2005 年 10 月，方太研制出厨电套餐——方太新“银家三系”，其不再是简单的“成套”，而是利用“烟灶无线联动”技术的无线射频对码技术，只要用户点燃燃气灶，安装在油烟机上的无线接收器就会敏锐地接收到燃气灶正常工作的信号，立即开机排气，做到了燃气灶与吸油烟机的成套化。

在家族层面，进入 2000 年，方太已经进入茅理翔所制定的“带三年、帮三年、看三年”的第二个阶段，之前在成立期，茅忠群只是负责产品研发，此阶段，茅忠群则还要负责市场营销。而且 2001 年，茅忠群母亲辞去了副董事长、副总经理、工会主席的职务，将生产权、采购权全部放给茅忠群所引进的家族外部职业化的生产总监和采购部长。同时，茅忠群为了方太产品的工业设计，还大量招聘国内外高端设计人才，外部高级职业经理人开始大量进入方太。茅忠群的妹妹所负责的凌克公司作为原先供应商的职责，随着方太的扩张也要面临其他 14 个供应商厂家的竞争，当发现产品质量不过关时，同样退货不再使用。

方太在创业扩张期阶段的典型引用语举例及编码如表 5-3 所示。

（四）公司创业成熟期（2007~2016 年）

2006 年，茅理翔兑现了自己的承诺，从方太管理层完全退出，不再担任董事长的职务，开始了自己的第三次创业历程——创办了“宁波家业长青接班人专修学院”。茅忠群完全“掌权”后，开始按照自己的思路打造方太，在企业战略上对整体厨房品牌进行升级，体现在集成厨房业务的成功运营，2008 年，方太正式推出“柏厨”（BORCCI）这一全新高端橱柜品牌，也就是说方太在试图为消费者提供除家用电器外的厨房家庭装修解决

表 5-3　方太创业扩张期阶段典型引用语举例及编码

构念	测度变量	典型引用语举例	关键词	编码结果
家族涉入	涉入类型	“2001 年，我太太她辞去了副董事长、副总经理、工会主席的职务，将生产权、采购权全部放给引进的生产总监和采购部长”（F2）；“妹妹所负责的凌克公司作为原先供应商的职责，也要和 14 个供应商厂家竞争，当发现产品质量不过关时，同样退货不再使用”（F2）；到了“帮三年”阶段，之前在成立期茅忠群只是负责产品研发，此阶段，茅忠群则还要负责市场营销（S2）；“1999 年我就写了一篇《淡化家族制》的文章，方太董事长是我，总经理是我的儿子，总经理下面的所有中高层领导干部，不准再有家族人员，这为从社会引入优秀职业经理人创造了广阔的空间”（S2）	· 辞去退出 · 放给经理人 · 要与供应商竞争 · 淡化家族制	· 管理权减弱
机会识别	识别方式	“一个机构调查消费者会选择何种品牌的灶具，选择比例最高的品牌居然是方太，要知道，当时方太还没有推出灶具产品”（F2）；“我们采用国际、国内顶级材料，引进高级设计人才和德国、意大利顶级橱柜生产设备和加工工艺”（F2）；方太产品由吸油烟机向灶具、消毒碗柜、集成厨房甚至可能向卫浴、家居等方向发展（S2）	· 居然首选方太 · 引进设计、工艺人才 · 集成厨具机会	· 偶然发现 · 主动搜索
机会类型	机会类型	我们推出的“乐家”、“名家”、“皇家”三大系列产品分别为定位不同层次的消费者。“乐家”针对白领，“名家”针对中高层管理人员或个私业主，“皇家”针对高经济社会地位同时要有很好的修养，针对社会名流、权威人物、行业中成功人士（F2）；集成厨房是满足现代快速生活节奏的时代，让消费者选商品方便，也让消费者使用厨具容易（S2）	· 不同层次消费者 · 方便容易	· 人口统计机会 · 程序需要的机会
公司创业	公司创业维度	“产品创新是我们最大的撒手锏。我们成立以厨具研究所、测试中心、工艺中心、产品开发部为主体的省级技术中心，拥有一支以专家高工为主体的技术队伍”（S2）；方太在吸油烟机成为中国第一品牌后不断实施厨房内相关多元化延伸，从吸油烟机到煤气灶具、消毒碗柜、燃气热水器、电磁灶，再到集成厨房，但始终不离开厨房（F2）	· 产品创新 · 多元延伸	· 创新 · 战略更新

方案。2009年，推出米博热水器品牌，并推出米博燃气热水器和方太水槽洗碗机两大全新业务领域，同年方太正式提出了打造“嵌入式厨房电器专家”的口号。

此外，方太的集成厨房概念创新在延续。表现在对“银家三系”的产品升级上，2008年方太推出了“银睿五系”：一米超静音吸油烟机、嵌入式微波炉和嵌入式烤箱等原创成套化设计，它荣获iF CHINA设计奖委员会颁发的iF CHINA设计奖；2011年，推出“总厨六系”。这些创新都是方太集成厨房、整体厨房的功能完善和服务延伸，旨在对消费者厨房空间布局最优化、劳动强度最小化、厨房操作职能化、烹饪活动娱乐化。

同时，方太在其最专业的吸油烟机领域开始引领创新，2010年，推出第一台“高效静吸”油烟机，在实现最佳吸油烟效果的同时，把噪声降至行业最低的48dB。2014年，推出“云魔方”，发明蝶翼环吸技术。方太正在研发智能厨房，这个厨房有油烟处理、食品加工、垃圾处理、空气调节、水净化、自洁、存储、中央控制、网络化等功能。

在家族涉入方面，家族股权变化不大，方太超过90%以上的股份掌握在茅氏家族内部，没有上市的打算。但是家族的管理权涉入，除茅忠群外，已经没有其他家族成员了。对此，茅理翔说道：“因为我的去家族化，一些高层次的人才进来了，现在我儿子下面所有的干部都是硕士生、本科生，都是全国各地过来的，都是讲普通话的，这样引进，整个企业的氛围大家就感觉比较好”，“传统家族企业讲的是小家文化，现代家族企业讲的是大家文化。小家文化是以家族利益为中心的文化，现在方太的大家文化是以顾客为中心的顾客、员工、合作者、社会、股东五者‘家的感觉更好’的开放文化和和谐文化”。

方太在创业成熟期阶段的典型引用语举例及编码如表5-4所示。

表 5-4　方太创业成熟期阶段典型引用语举例及编码

构念	测度变量	典型引用语举例	关键词	编码结果
家族涉入	涉入类型	方太超过 90%以上的股份掌握在茅氏家族内部（S3，F3）；“因为我的去家族化，一些高层次的人才进来了，现在我儿子下面所有的干部都是硕士生、本科生”（F3）；“小家文化是以家族利益为中心的文化，现在方太是大家文化”（F3）；没有上市打算（S3）	· 引进外部人员 · 股权不放 · 大家文化 · 上市偏好	· 所有权不变 · 意愿涉入
机会识别	识别方式	2010 年开创了“高效静吸”吸油烟机（S3）；2014 年推出“云魔方”，发明蝶翼环吸技术（S3）；2008 年推出“银睿五系”(S3)；2008 年，推出“柏厨”（BORCCI）这一全新高端橱柜品牌（S3）	· 开创 · 发明 · 全新	· 主动搜索
机会类型	机会类型	推出“柏厨”（BORCCI）这一全新高端橱柜品牌，也就是说方太在试图为消费者提供除家用电器外的厨房家庭装修解决方案（S3）；成功推出行业领先的“鹦鹉螺畅吸风道”（S3）；云魔方全程优化净吸技术、欧式油烟机，更趋人性化随心搭配、“25.5 度出火角”的高能效燃烧灶具（S3）	· 方便、容易 · 新技术	· 程序需要的机会 · 新知识和技术机会
公司创业	公司创业维度	2009 年，根据国家专利局统计，在厨房领域，方太是申请专利最多的企业，总计近 300 项，其中大量属于发明专利，专利申请量呈每年 100%增长（S3）；2008 年推出独立品牌“柏厨”（BORCCI），2009 年推出独立品牌“米博”热水器（S3）；2009 年确定“高端、专业、负责”的发展战略，品牌定位于“嵌入式厨房电器专家”（S3）	· 专利第一 · 独立品牌 · 新战略	· 创新 · 成立新机构 · 战略更新

五、案例讨论

本章研究目的是探讨企业在公司创业不同阶段家族涉入、机会识别和公司创业的演变特征。通过案例分析可以总结出如表 5-5 所示的基本结论。

表 5-5 案例分析的基本结论

维度	成立期	扩张期	成熟期
家族涉入	高	一般	低
机会识别	被动搜索	主动搜索、偶然发现	主动搜索
主要机会类型	人口统计	人口统计 程序需要	程序需要 新知识和技术
公司创业	成立新机构 创新	创新 战略更新	创新 战略更新 成立新机构

（一）家族涉入在家族企业公司创业中的演变：逐渐减弱

家族企业由于属于家族和企业的耦合体，对于公司创业的驱动因素，不仅要考虑企业层面的因素，还要考虑家族层面的因素。因为家族企业公司创业往往出于对所有权稀释的忌讳，家族层面不愿意其他股东参与家族企业创业活动（Gallo，1995；Sirmon & Hitt，2003），而形成家族为公司创业投入所有需要资源的情况。正因如此，当我们考虑家族企业特定行为（如公司创业）的家族涉入情况时，不仅要考虑家族权力的涉入，还要考虑家族意愿的涉入（De Massis et al.，2014；Chrisman et al.，2015），因为对于家族企业的创新创业行为，常常出现的情况是权力涉入较高但没有行为意愿（Chrisman et al.，2015）。在本案例中，我们发现家族涉入呈现逐渐减弱的趋势。

具体来说，在茅理翔决定结束飞翔重新创业之初，家族涉入对公司创业产生了极为重要的影响，表现在方太成立初期家族意愿和权力的涉入均较高。首先是家族意愿涉入较高。茅理翔及其妻子都认为之前的点火枪经营不再是长久之计，没有可持续性，且家族企业有亟须创业的意愿。同时，其子女也有较高的参与创业意愿，儿子茅忠群虽然在是否接班的问题上有过自己的想法，但是对于创业的意愿可能比其父亲强烈，因为他深刻地认识到之前不管是产品还是员工和厂房都已经走在了衰退、不可持续的边缘（Hoy，2006；Kuratko & Welsch，2001），因此提出创业的“三个条件”，指出家族企业需要另谋出路。其次是家族权力涉入较高。在所有权方面，茅氏家族属于100%控股。在管理权方面，方太成立初期，家族成员均扮演着对企业有不同作用的重要管理角色。可以说，方太创业成立期，家族涉入发挥了重要而积极的作用，这种作用既体现在财物资本投入即生存力资本（Survivability）上，茅氏家族拿出个人和家族的物质资源进行创业活动；也体现在了人力资本上，即茅氏家族全家参与创业活动（Sirmon & Hitt，2003）。

但家族涉入在扩张期和成熟期呈现减弱趋势，这种减弱表现在权力涉入上的减弱，更具体来说，是家族管理权的减弱。主要体现在家族成员在职位上的相继退出，外界职业经理人的进入。同时，凌克供应商的地位也不像在创业初期那样重要。不过应该说，家族涉入减弱，对公司创业的影响反而在增强。主要表现在：首先家族管理权的削弱，让方太有更多的空间和岗位引入职业经理人，这对扩大家族企业的人力资源池有帮助作用，外部人力资本的进入使得在家族企业资源管理方面更加丰富化与开拓化，是家族企业创新发展的必备要素（Carnes & Ireland，2013）。丰富化体现在方太在人力资源上重新组合（包括茅忠群母亲的退出），通过融合新的知识和能力扩大了方太的现有能力（如吸油烟机的设计改善）。开拓化则体现在方太在扩张期通过专利技术发明和产品创新，帮助方太在创造企业新的能力方面向前推进（如嵌入式厨房电器）。其次，家族管理权的削弱所体现的上一代的退出，对公司创业中的战略更新产生了影响，方太在扩张期和成熟期都进行了战略更新，前一次是产品多元化进入集成厨房电器领域，后一次是战略锁定为“嵌入式厨房电器专家”，并为此成立了两个子品牌（热水器和厨房家具）。最后，家族管理权的减弱逐渐避免了茅理翔常忌讳的企业中“两个核心”问题，中高层主管不会有“两头都要汇报”的窘境，体现了家族涉入中治理结构与成本的优势（Sirmon & Hitt，2003），对家族企业的特定行为包括公司创业也有一定的积极影响作用（李新春，2003）。

（二）机会识别的演变：从被动搜索到主动搜索的过程

在方太创业之初，机会的识别属于典型的被动搜索。这种被动搜索的根源来自飞翔的经营压力，飞翔已经面临着较大的生存危机，方太亟须找到有市场机会和潜力的创业项目，属于较为典型的创业者因为经营陷入困境而被迫去搜索创业机会。茅氏父子到日本考察，到沿海省份调研，方太抓住了彼时城市住房改革，大量居民搬入商品房的人口统计机会，决定生产住房必需的厨房电器，进一步茅忠群认为微波炉不是必需品，但吸油烟机对城市居民更有价值，而最终决定上马吸油烟机项目。在方太成立期，茅氏父子主要是以传统的创业视角，对整个经济系统中可能的创意展开搜索，在复杂的市场信息中搜索出有价值的信息而做出创业决策，这些搜索所发现的机会主要是受到人口统计学变化（主要是中国人口收入增加，住房条件改善需要吸油烟机产品），以此填补了市场机会的空白（Sarason et al.，2006）。方太进入扩张期，一次偶然的发现，让方太体会到其品牌知名度的远扬，使彼时正处于竞争和价格战边缘的方太，转变竞争思路生产吸油烟机以外的灶具、消毒柜等厨房电器。当然，偶然发现不是一家企业应长久追求的策略。方太在扩张期和成熟期对于机会更主要是采用主动搜索的策略。主动搜索是创业者为了开辟新的业务领域更好地参与竞争而运用自己的专有知识和技能搜索创业机会。主动搜索表现特征之一是企业研发（张红和葛宝山，2016），方太在进入扩张期后，坚持每年将不少于收入的5%投入研发；拥有包含厨房电器领域顶尖专家在内的200余人的研发人才团队；行业内首家国家级企业技术中心，拥有占地6000平方米的世界上规模最大、设施最先进的厨电实验室，内设两个国家级实验室（电气、燃气），并成立了专业研究顾客需求的宁波创新研究院。这些研发举措都旨在主动搜索市场机会，也正是这些努力，使得方太在主动搜索阶段，也即公司创业的成熟期和扩张期，主导了吸油烟机以及其他厨房电器乃至橱柜的变革，如开创近吸式吸油烟机、“高效静吸”吸油烟机，发明蝶翼环吸技术、创造“柏厨”品牌，满足了消费者的厨房程序要求变化和厨房认知意义的变化（德鲁克，1989）。过往从没有“嵌入式厨房电器”的概念，更没有“厨房电器+家具”的市场理念，方太通过主动搜索，将家庭厨房中所有的产品进行细化和结构化，上述新的市场概念和理念以此诞生的机会，属于创业者与社会在程序需求和认知上的共同演进，此时依靠主动搜索产生的市场机会不是已经存在于社会中等待创业者去发现和弥补，而是机会的一个动态的结构化构建过程（Sarason et al.，2006），并以此带来方太的公司战略更新和新机构的建立（如米博热水器和柏厨品牌）。

六、理论贡献与实践启示

（一）理论贡献

本章通过对方太的纵向案例研究，探讨了在家族企业公司创业过程中家族涉入、机会识别和公司创业的演化规律，最终得出了以下主要结论。为了更清晰地理解这种演化过程，在研究思路图的基础上本章提出了一个整合性的研究框架，如图5-2所示。这一框架涵盖了本章研究的全部结论和见解。

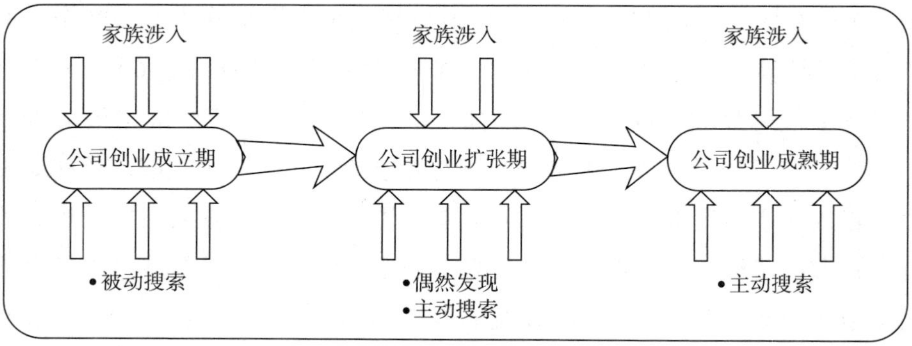

图 5-2 家族企业公司创业演化路径

首先，以动态的视角看待家族企业公司创业，探索了家族涉入在公司创业过程中的变化与作用。具体来说，本章以方太作为研究对象，以企业发展周期（时间维度）（Hoy，2006；Minola et al.，2016）将方太创业的过程分为成立期、扩张期和成熟期，研究了方太在不同公司创业时间段家族涉入对企业公司创业的影响情况。也就是说，本章通过纵向案例研究，描述了家族企业公司创业各阶段的家族涉入情况，这为我们理解家族企业的异质性（Chua et al.，2012；Daspit et al.，2018）提供了更为完整的、加入了时间维度的考量。普遍地看，家族企业保守和不肯冒过多风险是普遍现象（Lumpkin et al.，2010），当家族企业谋求以公司创业的方式转型升级或创新发展时，需要审视其公司创业的动因（Hoy，2006），审视家族因素和企业因素的动态涉入过程（Minola et al.，2016）。本章的研究结果发现，家族因素的涉入既是决定家族企业公司创业的动因，也是公司创业尤其是成立初期至关重要的影响因素，因为家族能力的强烈涉入，使得家族成员充当了人力资本，家族的资金带来了生存力资本（Sirmon & Hitt，2003）；家族意愿的强烈涉入，使得家族成员间的利益和目标能尽可能地保持一致，避免发生冲突（Harvey & Evans，1994），带来“家族性”的益处（Habbershon & Williams，1999）。但正如 Carnes 和 Ireland（2013）及 Sirmon 和 Hitt（2003）的研究所指出的，当家族涉入过多时，由于利他主义以及裙带关系并不利于家族企业资源的丰富化尤其是开拓化的资源处理，本章的研究显示方太通过家族涉入的削弱克服了上述问题，达到了公司创业的三阶段发展，回答了“为什么有的家族企业公司创业更加成功的”问题。

其次，通过刻画方太家族企业公司创业的过程中机会的形成方式，验证了创业机会来源的不同路径（斯晓夫等，2016），推动了公司创业活动中机会识别的研究，让我们能更好地理解公司创业中机会的识别和利用过程（Zahra et al.，2013）。被动搜索得到的机会让方太在公司创业初期能很好地解决生存问题，偶然发现和主动搜索形成的机会让方太在公司创业过程中很好地解决了发展的问题。方太一直在努力把信号（如个体接触的新信息、新条件）形成有意义的市场信念（Grégoire et al.，2010），被动搜索阶段发现了市场较为空白的吸油烟机领域，方太所寻找到的吸油烟机这个机会就像一条发展信念的主线，所有的资源（无论是家族性的还是非家族性的）都与这个机会匹配，后续的战略更新和成立新的机构也围绕着吸油烟机做文章，如集成厨具电器、销售橱柜家装的核心产品也没有离开吸油烟机，这凸显了公司创业中机会的识别和利用，和一般意义的创业过程一样，这是创业成功的关键因素。方太主动搜索阶段则是对厨房电器机会的结构化构建过程。事实上，机会的客观发现式识别和主观构建式识别处于一种良性的动态循环，构建式的机会在后期能给企业提供大量的发现式机会（Zahra，2008）。方太通过主动搜索，引入了“嵌入式厨房电器”理念和切实可行的高质量产品，将家庭厨房中所有的产品进行细化和结构化，上述新的市场理念以及由此诞生的机会，进一步催生了新的消费者市场和厨房一站式解决方案。

（二）实践启示

1. 家族涉入、机会识别与公司创业的成功路径

方太是一家通过公司创业成功实现企业转型升级的家族企业，其销售额在2017年已经超过100亿元，其品牌价值接近20亿元，它在创新创业

方面的成功使其两次被中央电视台新闻联播所报道，数次登上浙江电视台。本章对于方太公司创业过程的研究，认为方太在家族涉入、机会识别与公司创业上所形成的路径有较深刻的实践启示。首先，在家族企业公司创业的成立期，家族意愿和家族管理权涉入均较高，有利于家族企业从事被动搜索而进行公司创业。新企业的成立期，实际上属于前一个企业的衰亡期（Hoy，2006），此时方太面临的问题是寻找新的创业机会和项目继续生存，家族两代人能力和意愿共同的高程度涉入，能提供机会被动搜索过程中所需的人、财、物，此外后代的涉入常具有新的点子或新的做事方法（Kepner，1991），此时的机会更可能是警觉性的市场机会，但无论如何，在成立期首要的问题是找到机会、成立新的企业以摆脱旧企业的经营困境并能生存下来。

其次，在家族企业公司创业的扩张期和成熟期，方太接近于钱德勒（1987）提出的第二形态的现代企业制度形式，即家族（或企业主）仍然相对（或绝对）地控股，在相当程度上家族仍掌握企业的经营控制权，但是，企业中很大部分中高层经理人员甚至总经理都是非家族成员，基本实现了社会化，企业成为家族成员和职业经理人共同管理的现代企业。这两个时期，当家族权力涉入较低时，有利于家族企业从事主动搜索式的机会识别和利用，促进企业更好地创新式发展。当方太进入扩张期时，企业的生存问题得以解决，开始盈利（见图5-3），方太每年用销售额的5%再投入，无论是人力资本引进还是业务扩展，都为引入研发、设计等人才和主动搜索机会奠定了基础，此时家族管理权涉入的减弱，反而能为这些新引入人才提供职务空缺，并减少“双头”领导的情况，让来自家族企业外部的主动搜索型人才有更多的公司创业自主性（Shimizu，2012），这时的公司创业维度不仅包括产品创新，还包括战略更新和成立新的机构。

2. 对家族传承的启示

本章通过探索方太集团公司创业成功的经验，揭示了家族涉入对公司创业的影响，实际上公司创业对于家族企业传承也能产生深刻影响（Sciascia & Bettinelli，2013），本研究对于中国家族企业传承具有借鉴意

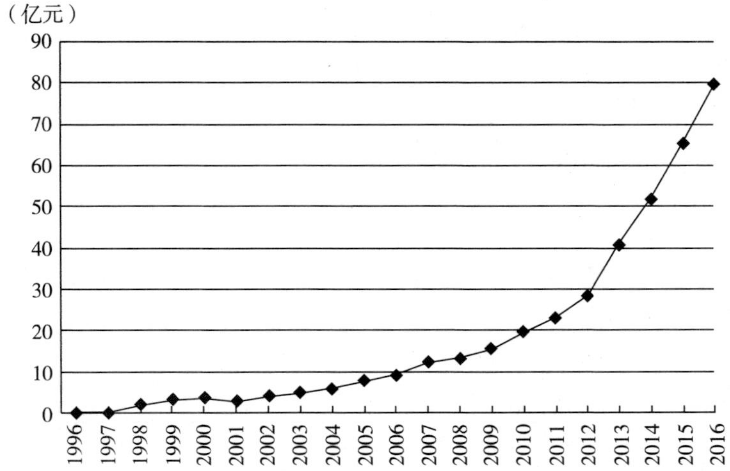

图 5-3　方太历年销售收入

资料来源：方太财务部和资金税收中心。

义。茅理翔和茅忠群父子抓住厨房电器商机，创立方太，在行业内崛起的历程（见表 5-6）不是普通的代际传承与接班，方太是由第二代与第一代共同创立的企业，这种父子共同创业的方式传承方向明确，能言传身教，而且做到了“带（成立期）、帮（扩张期）、传（成熟期）”。方太公司创业的三个阶段也是传承的三个时期，首先说服了二代接班，其次逐步培养了二代能力，最后是一代的彻底放手。关于淡化家族制的启示，方太的创始人茅理翔提出了“淡化家族制”，在他的心目中，当家族企业发展到一定阶段时，有必要引入更多的专业人才，家族成员这个人力资源的资源池太小（Sirmon & Hitt，2003），茅理翔选择的是保持所有权，让出管理权，这种安排让家族企业在成熟期后对人才的加入起到了一定的作用。

表 5-6　方太厨房家电创新产品发展历程

时间	创新产品或标志性事件
1996 年	第一台深型吸油烟机
1997 年	人工智能深型吸油烟机

续表

时间	创新产品或标志性事件
1998 年	超大风量飓风型吸油烟机
2001 年	欧式外观中国芯吸油烟机
	近吸式吸油烟机“小灵风”
2002 年	中国第一套具有共同设计风格的厨房三件套“银家三系” 率先把铝合金材料用于吸油烟机，研发出中国第一台全铝合金塔型吸油烟机 EDo1 和 EDo2
2003 年 4 月	将品牌由“方太厨具”更名为“方太厨房专家”
2004 年 4 月	“后免拆洗”深型吸油烟机
2004 年	生产第一代智能恒温热水器
2005 年	整体设计风格的厨房三件套新“银家三系”
2006 年	国内最深集烟腔的塔型机——拥有“150mm 无缝纵深集烟腔”的 EHo6
2007 年	确定以“中国高端厨房电器第一品牌”为品牌目标
2008 年	嵌入式成套设计五件套“银睿五系”
2009 年	嵌入式成套设计六件套“光影六系”
	导烟吸附技术吸油烟机“风魔方”
	MIBOI 米博热水器
	确定“高端、专业、负责”的发展战略，品牌定位于“嵌入式厨房电器专家”，专注于嵌入式高端厨房电器领域
2011 年	专业级家庭烹饪中心“总厨六系”
2013 年	“近吸直排”近吸式吸油烟机风魔方
2014 年	“蝶翼环吸”欧式吸油烟机云魔方
2016 年	全新一代智能吸油烟机，双擎强排系统、五重净化功能，推出水槽洗碗机

第六章

家族涉入下公司创业成功之道：对探索性案例的实证检验

一、引言

第五章的研究结果显示，在飞翔迈向方太的公司创业过程中，其公司创业的成功，从家族涉入的角度看，一方面是在茅理翔决定结束飞翔重新创业的成立期家族意愿较高，家族成员强烈的参与意愿——为方太的启航提供了精力与物质帮助；另一方面得益于其扩张期和成熟期阶段家族权力涉入减弱引入了职业经理人参与产品的研发等工作。上述结论是否具有普适性？换言之，家族企业发展到一定阶段（以企业规模增长进行刻画）后，家族意愿涉入较高、家族权力涉入减弱是否有助于公司创业活动成功实施？本章将进行实证检验。具体来说，把企业规模作为自变量，家族意愿（家族承诺）和能力（家族所有权、管理权）涉入作为调节变量，检验前述案例研究的结果；同时区别于子研究一和子研究二将家族涉入视为家族企业公司创业的驱动因素（解释变量），而是将它们视为情境因素（调节变量），试图探明它们对家族企业公司创业成功实施的影响。

上述研究问题反射到科学问题上具有显著的理论价值。家族企业规模越大，是否越倾向于进行公司创业，两派家族企业理论形成了矛盾观点。一方面，公司创业属于资源消耗性活动，家族性资源理论认为家族企业特别是大型家族企业所拥有的财务资源、人力资本、耐力资本等独特性资源（Simmon & Hitt，2003）对公司创业形成了积极的促进作用；另一方面，公司创业属于风险性活动，社会情感财富观点指出，具有一定规模的家族企业出于维护家族声誉、保有家族价值观，其中“保守”的代表不愿意进行风险承担（Gómez-Mejía et al.，2007），导致家族企业不倾向于进行公司创业（Miller et al.，2008；Calabrò et al.，2016）。就此而言，大型家族企业究竟保守不倾向于公司创业还是具有公司创业精神存疑？家族权力和意愿的涉入所发挥的情境作用，将在本章实证研究得以确认。

二、理论背景与研究假设

（一）家族企业规模研究的现状与评述

一般地，常在家族企业与中小企业之间画等号，从世界范围的数据来看，70%的中小企业是家族企业[①]。但实际上许多大型企业也是家族企业，换言之，它们是从中小家族企业发展而来，如美国的沃尔玛，德国的博世，中国的苏宁集团、新希望集团，等等。从这个角度来说，家族企业规模形成了家族企业异质性的来源，导致许多学者从企业规模的角度研究家族企业的行为与绩效。有的学者将企业规模视为自变量，而其他学者则将企业规模视为调节变量。

将家族企业规模视为自变量的研究，如李春琦（2005）发现家族企

① http：//m. haiwainet. cn/middle/457049/2016/0926/content_ 30358719_ 1. html.

业规模扩大将引起企业盈利能力的下降和企业价值的提高；叶艳和李孔岳（2017）发现企业规模与慈善捐赠之间呈现U形关系；Kotey和Folker（2007）发现20~49名员工规模的家族企业，正式的培训项目显著增加。在50~99名员工规模时，家族与非家族企业在员工培训方面的差距最大，Navarro等（2017）发现家族企业规模越大越会进行企业社会责任活动。

将家族企业规模视为调节变量的研究，如Chu（2011）发现中小企业相比大型企业，家族所有权与企业绩效之间的显著关系更强，李路路和朱斌（2014）发现家族涉入的静态正效应随着企业规模扩大而减弱，当企业达到一定规模后，家族涉入将对企业经营绩效产生消极影响。类似的结论还有，范黎波等（2016）利用上市公司数据发现企业规模负向调节家族化管理和企业绩效的正向关系；何轩等（2016）发现在快速制度变迁情形下，大规模家族企业会增加生产性活动的投入，同时减少对非生产性活动的投入。陈文婷（2013）发现家族企业规模较小时，后代创业者倾向于利用家族网络进行创业学习，以提升企业绩效；家族企业规模较大时，后代创业者倾向于利用外部教育进行创业学习，以提升企业绩效。Fang等（2016）发现家族所有权和跨代传承意愿越高，家族企业越不倾向于雇用非家族经理人，但是随着企业规模的扩大，上述负向效应会被削弱。

从现有研究来看，大量研究以家族企业规模作为自变量研究对企业绩效的影响，作为自变量的结果显示，企业规模的扩大和家族企业绩效存在负向关系，但事实上企业规模对绩效的研究存在“逻辑的跳跃”，是何种因素导致家族企业规模扩大而绩效下降？是不是企业内创新不足所致？这是可以进一步思考的问题。从这个角度来说，以企业规模考察家族企业行为的研究有拓展空间，现有研究中仅展示了企业规模对慈善捐赠、企业社会责任、员工培训的影响，但是对企业创新创业行为的研究不足，就此何轩等（2016）做了首次探索，但聚焦于企业规模在企业家精神个体时间配置的调节作用，缺少对企业层面创业活动的直接影响研究。

（二）研究假设

1. 家族企业规模与公司创业的关系

（1）从资源视角看家族企业规模与公司创业的关系。按照企业生命周期理论，企业可以分为初创期、成长期、成熟期和衰退期（陈娜，2020）。企业的规模由初创期到成熟期属于逐渐增大的过程，在企业规模扩大的过程中，其可用的资源增多。一方面，如果企业规模的扩大源于销售收入、利润收入的增长，上述现金收入的增长将成为可用性资源；另一方面，如果企业规模的扩大过程中，企业依然处于亏损状态，这在一些科技企业成立初期会出现，意味着有风险投资公司看好这些科技企业，否则它们不可能在亏损的情况下依然保持企业规模的扩大。因此无论何种情况，企业规模的扩大意味着其可用资源在增多。创业作为一种资源消耗型的活动，需要物质资源和人力资源的投入（Clough et al.，2019），当企业规模扩大时，企业（不管是家族或非家族企业）由于资源可用性增多，其对公司创业将形成促进作用。

更深入地看家族企业，家族企业的资源不仅包括企业资源，还包括家族性资源——其在“家族企业为何能够成功”这个问题上发挥了举足轻重的作用（Zellweger et al.，2010）。家族参与导致家族性（Familiness）的产生，也就是说家族的参与和企业的互动产生了独特的、不可分割的和协作的家族企业资源（Habbershon & Williams，1999）。从资源种类来看，家族为企业提供的资源形式，既包括财务资本、社会资本和人力资本，还包括耐力资本以及治理和结构成本（Sirmon & Hitt，2003）。就此而言，相比于非家族企业，家族企业拥有来自家族的资源供给，这些供给不仅包括财务资本，也包括人力资本——家族成员进入企业工作。上述财务资本和人力资本能为家族企业公司创业提供帮助。由此提出以下假设：

H6-1a：家族企业规模与公司创业正相关。也即家族企业规模越大，其公司创业活动越显著。

（2）从社会情感财富视角看家族企业规模与公司创业的关系。社会情感财富（SEW）是指家族成员从企业所追求的以家族为中心的非经济目标中获得的情感效用（窦军生等，2014）。家族成员的SEW得失是家族企业决策的首要参照点（Gómez-Mejía et al.，2011），也就是说，家族企业中的决策如果符合家族为中心的情感效用，决策更可能被执行，否则决策将由于与SEW相左而被家族否决。Berrone等（2012）将SEW划分为5个维度，分别是家族控制和影响、家族成员对企业的认同、紧密的社会关系、情感依恋和跨代传承意愿。

当企业规模扩大时，如果家族创始人对家族企业各项事务依然事必躬亲将耗损其精力，而无法专注于创新这类需要长期精力投入的事务；另外，企业规模的扩大需要聘任更多的非家族经理人以弥补家族创始人管理幅度的限制。然而，研究显示家族企业过于追求社会情感财富，将减少聘用非家族经理人（Fang et al.，2016），非家族经理人往往具有专业技能，非家族经理人聘任不足，家族经理人可能存在公司创业方面的短板，也会影响公司创业的实施（傅颖等，2021；Kotlar & Sieger，2019）。进一步看，家族企业在规模扩大时如果过于追求社会情感财富，将产生更多受限性的（Restricted）SEW——关注家族成员的利益，这会导致企业在规模扩大后追求家族对企业的控制不引入外部利益相关者，造成创新不足（Miller & Breton-Miller，2014），对公司创业产生不利影响；受限性的SEW引起的关注家族成员利益过多，将造成即使聘任了职业经理人也依然对家族经理而非职业经理人提供特权和机会（Kidwell et al.，2018），这将导致职业经理人在公司创业方面的才能无法施展。由此提出以下假设：

H6-1b：家族企业规模与公司创业负相关。也即家族企业规模越大，其公司创业活动越不显著。

家族性资源和社会情感财富是家族企业研究中重要的理论视角，然而从上述分析分别审视家族企业规模与公司创业的关系，却形成了矛盾性的结果。接下来试图引入家族涉入因素——家族承诺（家族意愿涉入）和家族所有权（家族权力涉入）深入分析上述两者关系的边界条件。具体来说，家族承诺“放大”了家族性资源的投入意愿；家族所有权“放大”了家族对社会情感财富的追求。上述“放大”效应对大型家族企业公司创业的影响究竟如何？

2. 从家族性资源视角看家族承诺的调节作用

家族承诺是家族成员对企业信念与目标的支持，自身有形资源和无形资源贡献企业以及与企业荣辱与共的程度。家族承诺越高越有利于企业规模扩大时的家族企业公司创业行为。一方面，当家族承诺越高时，意味着家族成员对企业目标的支持更加坚定，不会对企业决策做出过多的来自家族内部的掣肘，在此情形下，即使企业规模已经较大时，引入外部资本投资也将更为可能。换言之，高家族承诺企业将更可能在大型规模的家族企业内支持引入外部投资者，如此将在物力和外部智力方面进一步促进公司创业。另一方面，当家族承诺越高时，更可能在家族企业中产生“管家”文化等无形的独特不可模仿的资源，对非家族员工形成激励（傅颖等，2019），在此情形下，随着企业规模增多所引入的大量非家族成员将更可能在高家族承诺氛围下提高其组织承诺和责任感（Zahra et al.，2008），实施创造性活动，以促进公司创业。由此提出以下假设：

H6-2：家族企业中家族承诺越高，企业规模对公司创业的作用越强。

3. 从社会情感财富视角看家族权力涉入的调节作用

实际上，社会情感财富的维度之一便是对家族的影响与控制（Berrone et al.，2012），换言之，家族持股比例越高，家族对企业战略决策等的控制力越强，这种较强的控制力会提高家族成员对企业的情感认同及依恋，从而增加家族的社会情感财富（钟熙等，2021）。家族所有权越高越不利于企业规模扩大时的家族企业公司创业行为。家族所有权越多地掌握在家族成员手中，意味着家族企业往往越看重家族和家族成员的利益。换言之，这类家族企业中受限性的 SEW 相比于家族所有权少的家族企业更多（Miller & Breton-Miller，2014），在这种情形下，家族成员可能更加看重大型家族企业已经建立起来的声誉、紧密的社会关系等，而不愿意进行风险承担（Gómez-Mejía et al.，2007），由此导致家族企业更不倾向于进行公司创业（Miller et al.，2008；Calabrò et al.，2016）。由此提出如下假设：

H6-3a：家族企业中家族所有权比例越高，企业规模对公司创业的作用越弱。

另外，如果家族企业更多地掌握在家族成员手中，意味着在大型家族企业中非家族经理人聘任不足，或是尽管聘任了非家族经理人，但并未给他们基于股权的激励。上述两种情况对于非家族经理人在创新创业方面的投入皆不利，因为如果是未能聘任足够多的外部优秀人才，在大型家族企业中，家族成员占据着各个职能部门的重要位置，公司创业活动往往存在“智力”短板（Kotlar & Sieger，2019）；如果是聘任了非家族经理人但未给他们基于股权的激励，那么非家族经理人与家族成员形成公司创业目标一致的可能性会降低，此时即使家族有意愿进行公司创业，非家族经理人更可能从事基于短期的投机活动而非长期的创新创业活动（Jones & Butler，1992）。由此提出以下假设：

H6-3b：家族企业中家族管理权比例越高，企业规模对公司创业的作用越弱。

三、数据和结果

（一）数据来源和样本

本章研究的数据来源与第四章的数据来源相同。1296 份样本中，保留家族持股 50%以上，且有 1 人以上在企业的董事会或管理层任职（陈凌和王昊，2013）的企业作为家族企业样本，共计 1092 家。删除自变量、调节变量和因变量缺失样本 92 家，最终获取了 1000 家家族企业样本。

（二）变量测量

1. 因变量：公司创业

采用 Barringer 和 Bluedorn（1999）的测量方式，含有 9 个题项，由企业主填写。这一公司创业测量方式已被家族企业学者如 Kellermanns 和 Eddleston（2006）及 Kellermanns 等（2008）广泛应用。

2. 自变量：企业规模

本书对于企业规模的测量使用了企业 2014 年员工总人数的自然对数（何轩等，2016）。

3. 调节变量

（1）家族所有权比例，利用问卷中的题项“您自己持有的公司股份比重，其他家族股东持股比重”加总测量。

（2）家族管理权，以家族成员在企业高管中的人数占比进行测量。

（3）家族承诺，采用 Koropp 等（2013）的 4 个题项测量，由企业主填写，$\alpha=0.931$。题项包括：①我们家人对企业的目标、计划和政策有共识；②我们家人对企业非常忠诚；③我们家人很关心企业的命运；④我们家人愿意付出超常的努力来帮助企业取得成功。

4. 控制变量

Bettinelli 等（2017）以过往 26 种创业、创新和家族企业期刊为搜索对象，梳理了家族企业创业的相关内容，总结分析了家族、企业和环境层次对家族内创业活动的影响，本章控制变量的选择主要参考了作者的研究内容。具体如下：①家族层面因素，控制了家族成员在高管中的比例、企业主的年龄。②企业层面因素，控制了企业年龄、企业 2014 年绩效、企业是否为高新技术企业。考虑到中国地域制度环境的差异，还控制了企业所处的地域。③环境因素，控制了环境不确定性，该测量根据 Covin 等（2000）的量表。④在海归继承人方面，控制了二代是否为海归。⑤其他因素，控制了企业是否为制造企业。变量测量汇总如表 6-1 所示。

表 6-1　家族涉入下公司创业：变量测量汇总

变量名称	变量测量
Firmsize	企业 2014 年员工总数的自然对数
FC	采用 Koropp 等（2013）的 4 个题项测量，由企业主填写，α＝0.931。题项包括：①我们家人对企业的目标、计划和政策有共识；②我们家人对企业非常忠诚；③我们家人很关心企业的命运；④我们家人愿意付出超常的努力来帮助企业取得成功
FO	家族所有权比例。利用问卷中的题项“您自己持有的公司股份比重，其他家族股东持股比重”加总测量。
FM	家族成员在企业高管中的人数占比
CE	采用 Barringer 和 Bluedorn（1999）的测量方式，含有 9 个题项，由企业主填写
Firmage	截至 2015 年的企业成立年限
Returnee	海归二代作为虚拟变量，利用问卷中的题项：“在本企业职位最高的子女有没有海外留学或工作经历”进行测量
LTO	采用 Wang 和 Bansal（2012）对企业长期导向的 4 个题项测量
ENTRage	截至 2015 年的企业主年龄
Manufacture	企业是否为制造业，1＝是，0＝否
High-tech	企业是否为高科技企业，1＝是，0＝否
ROAave	过去 3 年的财务绩效的平均值（财务绩效以资产收益率衡量）
Unmar	参考 Jaworski 和 Kohli（1993）以及 Covin 等（2000）的量表，题项包括“很难预测顾客需求及对产品需求的变化”、“竞争对手的市场行为难以预测”、“企业之间的市场竞争非常激烈”，由财务经理填写
Direct	鉴于中国区域市场环境和制度环境差异较大的情况，控制企业所在的地理位置。广东、浙江、辽宁、福建企业划为东部区域企业，河北、安徽、湖南、四川企业划为中部区域企业，云南、陕西、新疆、贵州划为西部区域企业
Edu	企业主的受教育水平，高中及以下赋值为 1，大专赋值为 2，本科赋值为 3，研究生赋值为 4

为了对假设进行验证，将待检验的回归模型设定为：

$$CE=\beta_0+\beta_1\ Controls+\varepsilon$$

$$CE=\beta_0+\beta_1\ Controls+\beta_2 firmsize+\varepsilon$$

$$CE=\beta_0+\beta_1\ Controls+\beta_2 firmsize+\beta_3 FC+\beta_4 firmsize\times FC+\varepsilon$$

$$CE=\beta_0+\beta_1\ Controls+\beta_2 firmsize+\beta_3 FO+\beta_4 firmsize\times FO+\varepsilon$$

$CE=\beta_0+\beta_1 Controls+\beta_2 firmsize+\beta_3 FM+\beta_4 firmsize\times FO+\varepsilon$

$CE=\beta_0+\beta_1 Controls+\beta_2 firmsize+\beta_3 FC+\beta_4 FO+\beta_5 FM+\beta_6 firmsize\times FC+\beta_7 firmsize\times FO+\beta_8 firmsize\times FM+\varepsilon$

（三）数据分析结果

1. 描述性统计与变量相关关系

表6-2总结了主要变量的平均值、标准差、最小值、最大值的描述性统计以及相关系数。所有变量的相关系数均小于0.4，初步说明共线性不严重。企业规模和公司创业的相关系数为0.047，系数不显著。在进行回归之前对主要变量进行了中心化处理，以减小研究误差。后续各回归模型对方差膨胀因子（Variance Inflation Factor，VIF）进行检验，发现所有值均小于2，说明多重共线性问题并不严重。

2. 回归结果

模型（1）是控制变量对因变量的回归检验结果；模型（2）是包含了控制变量、自变量、调节变量的回归模型；模型（3）和模型（4）是加入了交互效应后的模型；模型（5）是全模型。表6-3中模型（2）的检验结果显示，企业规模对公司创业的关系不显著（$b=0.038$，$p>0.1$），H6-1a和H6-1b未得到验证。模型（4）的检验结果显示，家族承诺对企业规模与公司创业的关系起正向调节作用（$b=0.131$，$p<0.05$），H6-2得到验证。从模型（6）中可以看出，家族承诺对于相关主效应的调节作用依然稳健显著。模型（3）的检验结果显示，家族所有权对企业规模与公司创业的关系起着负向调节作用（$b=-1.426$，$p<0.05$），模型（6）的家族所有权对于相关主效应的调节作用依然稳健显著。H6-3a得到验证。模型（5）的检验结果显示，家族管理权对企业规模与公司创业的关系起着负向调节作用（$b=-0.175$，$p>0.1$），模型（6）的家族管理权对于相关主效应的调节作用依然不显著。H6-3b得到验证。但各模型值得注意的是，家族管理权对于公司创业的直接效应存在显著的负向影响。

表 6-2　家族涉入下公司创业：相关系数与描述性统计

变量	1	2	3	4	5	6	7	8	9	10	11	12	13	14	15
1. CE	1														
2. FO	0.007	1													
3. FC	0.342***	0.114***	1												
4. Firmsize	0.047	-0.037	0.079**	1											
5. Unmar	0.170***	0.030	0.164***	0.024	1										
6. ROA	0.039	0.004	-0.161***	0.005	0.035	1									
7. Firmage	-0.076**	0.016	-0.017	0.351***	0.039	-0.010	1								
8. Direct	0.045	-0.027	0.020	-0.063**	0.033	0.132***	-0.069**	1							
9. Returnee	-0.018	0.007	0.035	0.220***	-0.026	-0.019	0.164***	-0.246***	1						
10. LTO	0.306***	0.048	0.389***	0.083***	0.224***	0.043	-0.052	0.035	0.033	1					
11. FM	-0.054*	-0.002	0.055*	-0.063**	0.009	-0.021	-0.028	-0.008	0.019	-0.008	1				
12. ENTRage	-0.061*	-0.012	-0.013	0.204***	0.012	0.017	0.326***	-0.066**	0.181***	-0.007	0.012	1			
13. High-tech	0.142***	-0.033	0.060*	0.118***	0.007	0.040	-0.013	-0.023	0.097***	0.123***	0.023	0.006	1		
14. Manufacture	-0.009	-0.007	0.009	0.234***	0.027	0.022	0.105***	-0.018	0.095***	-0.026	0.130***	0.061*	0.240***	1	
15. Edu	0.137***	-0.137***	0.049	0.097***	-0.0410	-0.011	-0.019	0.023	-0.034	0.038	-0.014	-0.179***	0.157***	-0.027	1
平均值	4.997	0.95	6.156	2.006	5.231	0.265	16.294	1.276	0.251	5.653	0.303	49.348	0.4	0.564	2.263
标准差	1.065	0.087	1.012	0.541	1.096	0.436	7.471	0.65	0.434	1.22	0.419	8.004	0.49	0.496	0.898
最小值	1.778	0.5	1	0.301	1	-5.286	4	1	0	1	0	27	0	0	1
最大值	7	1	7	4.083	7	2.16	60	4	1	7	5.5	76	1	1	4

表 6-3　家族涉入下公司创业：回归结果

变量	公司创业（CE）					
	(1)	(2)	(3)	(4)	(5)	(6)
FO	-0.210 (0.355)	-0.202 (0.355)	-0.318 (0.358)	-0.210 (0.354)	-0.210 (0.355)	-0.309 (0.357)
FC	0.284*** (0.034)	0.283*** (0.034)	0.282*** (0.034)	0.288*** (0.034)	0.283*** (0.034)	0.287*** (0.034)
FM	-0.170** (0.073)	-0.166** (0.074)	-0.158** (0.074)	-0.162** (0.074)	0.090*** (0.029)	-0.156** (0.074)
Unmar	0.092*** (0.029)	0.092*** (0.029)	0.091*** (0.029)	0.088*** (0.029)	0.041** (0.018)	0.089*** (0.029)
ROA	0.042** (0.018)	0.041** (0.019)	0.042** (0.018)	0.044** (0.019)	-0.009* (0.005)	0.044** (0.018)
Firmage	-0.008* (0.004)	-0.008* (0.005)	-0.009* (0.005)	-0.009* (0.005)	0.018 (0.049)	-0.009* (0.005)
Direct	0.020 (0.049)	0.020 (0.049)	0.025 (0.049)	0.016 (0.049)	-0.043 (0.075)	0.021 (0.049)
Returnee	-0.040 (0.074)	-0.047 (0.075)	-0.027 (0.076)	-0.052 (0.075)	0.137*** (0.028)	-0.034 (0.076)
LTO	0.139*** (0.028)	0.138*** (0.028)	0.140*** (0.028)	0.139*** (0.028)	-0.197** (0.078)	0.141*** (0.028)
ENTRage	-0.002 (0.004)	-0.003 (0.004)	-0.003 (0.004)	-0.003 (0.004)	-0.003 (0.004)	-0.003 (0.004)
High-tech	0.202*** (0.066)	0.201*** (0.066)	0.199*** (0.066)	0.203*** (0.066)	0.199*** (0.066)	0.201*** (0.066)
Manufacture	-0.029 (0.064)	-0.037 (0.066)	-0.032 (0.066)	-0.034 (0.066)	-0.039 (0.066)	-0.031 (0.066)
Edu	0.117*** (0.035)	0.115*** (0.036)	0.118*** (0.036)	0.113*** (0.036)	0.115*** (0.036)	0.116*** (0.036)
Firmsize		0.038 (0.064)	0.045 (0.064)	0.030 (0.064)	0.091 (0.076)	0.037 (0.064)
Firmsize×FC				0.131** (0.060)		0.110* (0.061)

续表

变量	公司创业（CE）					
	(1)	(2)	(3)	(4)	(5)	(6)
Firmsize×FO			-1.426** (0.604)			-1.236** (0.613)
Firmsize×FM					-0.175 (0.139)	-0.180 (0.138)
Constant	4.647*** (0.454)	4.672*** (0.456)	4.767*** (0.457)	4.708*** (0.455)	4.699*** (0.457)	4.784*** (0.456)
Observations	1000	1000	1000	1000	1000	1000
R^2	0.196	0.196	0.201	0.200	0.200	0.204
Adj R^2	0.185	0.185	0.189	0.188	0.186	0.191
F value	18.49***	17.18***	16.48***	16.42***	13.66***	15.70***

注：* 表示 $p<0.10$，** 表示 $p<0.05$，*** 表示 $p<0.01$。模型中均为非标准化系数。

3. 内生性检验

在前述的基本回归中，可能会存在内生性问题。首先，如果解释变量公司创业与随机扰动项存在相关性，那么对公司创业系数的估计将由于遗漏变量而无法保证无偏性；其次，公司创业与企业规模还存在反向因果的问题。本章的 Dubin-Wu-Hausman 检验结果在 10%的水平上拒绝了原假设，证实确实存在一定的内生性。因此，有必要通过选取工具变量的方法解决这种内生性问题。选取企业是否存在股东大会和工会作为工具变量。中国的企业类型分为有限公司和股份公司，一般来说在股份公司中，董事会和股东大会是必须设立的。只有股份有限公司才可以上市，中国公司的上市条件包括开业已 3 年以上；其股本部总额达 5000 万元以上；持有股票值达 1000 元以上的股东人数不少于 1000 人。从这个角度来说具有股东大会的企业，不管是已上市企业或计划上市的股份公司，其企业都初具规模。我国《工会法》规定工会是职工自愿结合的工人阶级的群众组织，各工会组织代表职工的利益，依法维护职工的合法权益，《工会法》第 10 条规定，企业、事业单位、机关有会员 25 人以上的，应当建立基层工会委员会。在私营企业中低于25人不一定需要建立工会组织。因此，在家族企业中建立工会组织意味着其企业已初具规模。综上所述，家族企业中具有股东大会和工会组织与企业规模正相关，但其与公司创业不存在明显的促进或抑制作用。企业股东大会（AGM）和工会（La_union）均以虚拟变量进行测量。两阶段内生性检验的结果如表6-4所示。从第一阶段的结果看，企业股东大会与企业规模正相关（$b=0.086$，$p<0.01$）；企业工会与企业规模正相关（$b=0.241$，$p<0.01$）。从第二阶段的结果看，企业规模对公司创业的效应依然不显著（$b=-0.327$，$p<0.01$），家族承诺与企业规模的交互效应对公司创业的作用正向显著（$b=0.133$，$p<0.05$），家族所有权与企业规模的交互效应对公司创业的作用负向显著（$b=-1.043$，$p<0.1$），家族管理权与企业规模的交互效应对公司创业的作用不显著（$b=0.333$，$p>0.1$）。上述结果与回归结果一致，说明考虑内生性问题后，H6-2和H6-3依然得到验证。针对工具变量的弱检验和有效性，Cragg-Donald Wald F统计值为34.633，远大于10，说明不存在弱工具变量的问题；Sargan统计p值为0.233，大于0.1，说明工具变量有效。

表6-4 内生性检验

变量	(1) First stage	(2) Second stage
	Firmsize	CE
FO	-0.224	-0.351
	(0.171)	(0.361)
FC	0.019	0.299***
	(0.016)	(0.035)
Unmar	0.000	0.0865***
	(0.014)	(0.029)
ROA	0.001	0.0458**
	(0.009)	(0.019)
Firmage	0.017***	-0.001
	(0.002)	(0.007)

续表

变量	(1) First stage	(2) Second stage
	Firmsize	CE
Direct	-0.025 (0.024)	0.017 (0.049)
Returnee	0.137*** (0.036)	0.023 (0.085)
LTO	0.027** (0.013)	0.152*** (0.029)
FM	-0.072** (0.036)	-0.196** (0.079)
ENTRage	0.005** (0.002)	-0.000 (0.004)
High-tech	0.027 (0.032)	0.215*** (0.067)
Manufacture	0.184*** (0.031)	0.045 (0.083)
Edu	0.048*** (0.017)	0.141*** (0.039)
AGM	0.086*** (0.031)	
La_union	0.241*** (0.032)	
Firmsize		-0.327 (0.251)
Firmsize×FM		0.333 (0.358)
Firmsize×FO		-1.043* (0.630)
Firmsize×FC		0.133** (0.063)

续表

变量	(1) First stage	(2) Second stage
	Firmsize	CE
Constant	-0.638***	4.521***
	(0.219)	(0.488)
Observations	1000	1000
R^2	0.278	0.177

注：*表示 $p<0.10$，**表示 $p<0.05$，***表示 $p<0.01$。模型中均为非标准化系数，括号内为标准误。

四、结论与讨论

（一）结论与理论贡献

1. 家族企业随着规模变大，并不促进公司创业行为

家族企业自中小企业发展而来，中国的中小型家族企业被誉为改革开放时期具有“创业精神的先驱”（Tan，2001），一般认为家族企业是中国创新创业的代名词。家族企业达到一定规模后是否仍然保有创业精神？还是也如一般企业一样步入官僚和“大企业病”的状态？结合两个相异的理论视角，本章的研究显示，家族企业随着规模变大，企业不会显著地进行公司创业。本章的研究结论扩展了家族企业规模对企业在创新创业行为方面的研究，跳出了过往着重研究企业规模与企业绩效、企业社会责任关系的窠臼，回答了并非所有的中国家族企业均具有创业精神，展现了家族企业在公司创业方面异质性的一面。同时，现在学者开始重视数字经济时代

大型企业驱动的创业创新实践（张玉利等，2021），产生了包括海尔集团、方太集团等企业的鲜活案例，然而，本章的研究显示大型家族企业推动创业创新并非普遍规律。大型家族企业推动公司创业需要结合考虑家族能力与意愿涉入因素的影响。

2. 家族承诺越高的大型家族企业，其公司创业行为越显著

家族承诺是家族意愿涉入的核心表征（Chrisman et al.，2012），意味着家族愿意投入有形和无形的资源支持企业目标，研究显示当家族承诺保持在高水平时，大型家族企业将促进公司创业。这与方太集团的案例发现一致。家族承诺是家族企业成功的核心因素之一（Kellermanns et al.，2005），家族承诺的增加一定程度上能让家族企业摆脱过于关注家族利益，它具有“涟漪”效应将组织公民行为传递给非家族经理（Zarha et al.，2008），同时它将更加可能与利益相关者进行合作，上述家族承诺引起的效应增加了大型家族企业公司创业活动。从这个角度来说，家族承诺可以避免家族企业“富则思安”，继续为企业目标进行机会开发和公司创业活动。

3. 家族管理权越高越直接阻碍公司创业；家族所有权越高的大型家族企业，其公司创业行为越沉寂

家族所有权的增加，意味着家族企业愿意将控制权和影响力牢牢地掌握在家族手中，这一方面导致了关注家族利益，家族成员在家族企业离职的概率减小（吴超鹏等，2019），以及非家族经理的激励效应有限（Kotlar & Sieger，2019）。另一方面，保持高家族所有权意味着即使家族企业规模扩大也没有走上“去家族化”的路。最近的研究显示，“去家族化”有助于引入外部经理人以及外部融资（王藤燕和金源，2020），这些都是进行公司创业的有利因素。由此，本章的研究提供了一个“去家族化”的反面证据，换言之，“不去家族化”不利于大型家族企业的公司创业。因此虽然本章并未发现家族管理权的调节作用效果，但是直接效应显示，家族管理权越高，公司创业行为越沉寂。这一观点说明，不管是在何种规模的家族企业中，家族管理权均产生了对公司创业的阻碍作用。本质上说，“不

去家族化”将导致受限性 SEW 的上升而过于关注家族利益，这也形成了 SEW 的“阴暗的一面”（Dark Side），由此，本章的实证研究结果为 SEW 的阴暗面提供了新的实证证据（窦军生等，2014）。

（二）研究局限与展望

本章也存在一定的研究局限和不足之处。首先，虽然进行了内生性检验，但无法完全杜绝内生性——变量遗漏或自变量、因变量互为因果的影响。其次，理论探讨中使用了家族资源性理论视角和社会情感财富的理论视角，但是需要指出，本章并未直接测量家族性资源和社会情感财富，尽管有学者指出家族所有权可以进行社会情感财富的代理测量（钟熙等，2021），家族承诺能一定程度加强家族财务资源的投入和负债态度（Koropp et al.，2013），但未来研究可以进一步对家族性资源和社会情感财富进行直接的测量以更加契合理论推演。最后，并未考虑家族企业规模与公司创业可能存在倒 U 形关系，也就是说家族企业规模从小到大的过程可能存在先扬后抑的公司创业活动进程。但这不影响本子研究的核心目标——考察家族涉入在公司创业过程中的情境因素，以检验上一个案例子研究的结果。

第七章
研究总结与未来展望

本章对全书的研究工作进行归纳与总结，阐明研究主要结论、理论贡献和实践启示，并提出工作展望。

一、研究结论

第一，通过全国范围的样本调查，考察了中国家族企业中的“特色群体”——海归二代的调节作用，发现相比不拥有海归二代的家族企业，家族企业中拥有海归二代会显著促进家族所有权与公司创业之间的关系，而且在海归二代群体中，那些在海外时间短的二代，相比在海外时间更长的二代促进家族企业公司创业的效应更显著。通过稳健性检验，排除了普通意义上代际涉入调节作用干扰，进一步证实了海归二代促进家族企业公司创业的作用。

第二，探究了家族承诺对家族企业公司创业的影响机制，并着重考察企业长期导向的中介作用与环境不确定性的调节作用。具体来说通过全国范围内私营企业抽样调查得到409家企业，研究分析结果显示：①在其他条件不变的情况下，家族承诺对企业公司创业存在正向影响；②家族企业长期导向在家族承诺与企业公司创业之间起到中介作用；③环境不确定性会调节企业长期导向与公司创业之间的关系，并且在家族承诺影响公司创业的过程中，企业长期导向与环境不确定性构成了被调节的中介效应，亦即环境不确定性较高时，通过长期导向所传导的家族承诺对公司创业的间接影响较强。

第三，采用纵向案例研究方法，选取家族企业公司创业实践的标杆方太集团为研究对象，以企业发展周期（时间维度）结合方太的实际情况，将方太公司创业的过程分为成立期、扩张期和成熟期，分析了其公司创业的过程中两个核心维度——家族涉入和机会识别方式的演变，展示了一个基于家族企业层面动态的公司创业长效路径。研究发现方太公司创业的成功得益于关键的两点：一是家族权力涉入在家族企业公司创业中逐渐减弱的演变；二是机会识别属于从被动搜索到主动搜索的过程演变。

第四，基于案例研究结果的启示，进一步考察家族企业发展到一定阶段（以企业规模增长进行刻画）后，家族意愿和权力的涉入如何影响公司创业活动的成功实施，结果显示：①家族企业随着规模变大，并不促进公司创业行为；②家族承诺越高的大型家族企业，其公司创业行为越显著；③家族所有权越高的大型家族企业，其公司创业行为越沉寂，而且家族管理权越大，越对公司创业形成直接的阻碍作用。

归纳地看，本书围绕“为什么有的家族企业更倾向于选择公司创业”、“公司创业何以成功”两大核心问题，探索了家族企业公司创业的驱动机制和长效路径。在家族企业层面，家族权力和意愿涉入是两大核心影响因素，研究结果发现了上述因素在公司创业中所起的作用。具体来说，研究发现，从权力的视角出发，得出以下结论：①家族所有权并不直接影响家族企业公司创业；②家族所有权程度越高，越不利于规模较大的家族企业进行公司创业；③海归继承人涉入促进了家族企业公司创业行为。从意愿的视角出发，得出以下结论：①家族承诺直接促进了公司创业；②家族承诺对于大规模家族企业促进公司创业行为所发挥的作用更加明显。

二、理论贡献和实践启示

（一）理论贡献

前文各章对各个子研究的理论贡献有较为详细且单独的阐述。此部分旨在结合四个子研究的整体情况和家族企业公司创业研究现状（文献综述部分），阐述本书对家族企业公司创业研究领域的理论贡献情况。

1. 推进了家族涉入对公司创业作用机制的相关研究

尽管家族涉入对家族企业公司创业的重要性已经得到了广大学者的认同，但是综观现有研究结果却尚未有统一的结论，由此形成了众多的家族企业公司创业研究结果的“悖论”。有些研究认为家族所有权越高越促进家族企业公司创业，有的研究则不支持这一结论，还有的研究甚至反对这一结论，指出所有权越高会抑制公司创业；有些研究认为有代际涉入会促进家族企业公司创业，而另外一些研究则不支持这一结论；有些研究认为家族的管理权越高越有利于公司创业，有些则认为管理权越高，引发的裙带关系越不利于创业发展。这些“悖论”使学者们逐渐认识到家族涉入具有“二元”属性，即它不仅有过往学者注意较多、研究较多的“权力”涉入（以所有权、管理权为代表）属性，还包括“意愿”的涉入属性。正是在这样的理论背景下，本书的研究没有过多地凸显研究权力涉入的作用，而是通过引入情境变量考察中国家族企业海归二代与家族所有权的交互作用，以及识别家族所有权在大型家族企业公司创业中扮演的角色，来研究家族权力涉入对家族企业公司创业的影响机制。

从研究结果来说，首先，家族所有权对于家族企业公司创业的直接预测效力有限，它对公司创业产生影响依托于情境，但家族管理权显著负向影响公司创业；其次，研究进一步阐明家族意愿对家族企业公司创业有较好的预测效力；再次，代际涉入这一情境对于家族企业公司创业的影响，在中国国情背景下，只有海归二代这一代际涉入群体与家族所有权的交互作用才能促进家族企业公司创业；最后，家族权力涉入有利于家族企业公司创业起始成立期，但如果想要让企业进一步保持竞争力，家族权力涉入减弱，换言之，逐渐地“去家族化”是更好的措施，这在子研究四中一定程度得到了统计结果的佐证。因此，本书的研究结果在一定程度上有效地解释了上述这些“悖论”困境，加深了对家族企业异质性的理解，推进了家族企业公司创业的相关机制研究。

从本书研究结论中有利于公司创业的因素来看，海归二代代表着创业者，家族承诺形成了创业资源，感知环境的不确定性和主动/被动搜索引致了创业机会，促进了公司创业；在创业层面，研究显示，中国家族企业公司创业想要成功，依然离不开创业者、创业资源和创业机会三者的因素作用（Timmons et al.，1994）。

2. 丰富了资源基础理论在家族企业中的相关研究

无论是在战略管理领域还是创业领域，基于企业资源来探讨持续竞争优势的文献层出不穷。资源基础理论提出具备有价值性、稀缺性、不可模仿性和不可完全替代性的企业资源能为企业提供持续竞争优势。虽然资源基础理论有非常强大的理论解释能力，但有一点它常常被学者诟病，那就是，那些被认为具备有价值性、稀缺性、不可模仿性和不可完全替代性的资源常是在企业成功之后被识别或确认的，而且甚至一个企业成功了，被知道的资源禀赋中，“不知道的可能比能说出来的多”（Polanyi，1962）。因此，“只有管理者识别和理解企业资源禀赋后才能为企业带来潜在的经济绩效”（Barney，1991）。本书的子研究一和子研究二两个实证研究均运用了资源基础理论作为理论框架，子研究四中家族性资源是重要研究视角，通过实证检验，证实了海归二代、企业家感知的环境不确定性两个新的[①]企业异质性的资源禀赋。具体来说，海归二代（尤其是在海外时间较长的二代）为家族企业提供了异质性的人力和社会资本；感知环境不确定性体现了企业家对所处环境的解读（感知到发现型机会还是创造型机会），其本质属于创业者个体层面的异质性启发式思维（Alvarez & Busenitz, 2001）。本书的这一研究结论能一定程度地拓宽未来家族企业无论是战略还是创业领域相关研究的理论视角。

3. 深化了对家族企业公司创业过程的理解

“家族企业公司创业”是一个合成词，家族企业的核心是家族的涉入，创业的核心是创业机会。事物成功的关键是找到其核心作用因素，同样地，家族企业公司创业的成功也要探寻核心因素的影响情况。但过去在研究家族企业公司创业时，还没有同时考虑两个核心因素动态变化情况对公司创业过程的影响的研究。这不仅无法让我们把握家族企业公司创业过程的核心，也限制了我们对家族企业公司成功要素的探索。本书的研究结果显示，家族企业公司创业的成功得益于：一是家族权力涉入在家族企业公司创业中逐渐减弱的演变——此观点得到了实证结果的检验；二是机会识别从被动搜索到主动搜索的演变——此观点还有待实证结果的检验。因而本书的研究结果深化了对家族企业公司创业过程的理解。

（二）实践启示

在本书的第一章研究问题和背景部分已经指出，公司创业对于家族企业而言，对企业核心作用是帮助家族企业创新传承发展与转型升级，结合研究结果，在此阐述本书的研究启示。

第一，在个体层面，海归二代是家族企业公司创业的重要促进力量。事实上，无论是国家的经济还是企业的发展，都需要创新创业引领。创新

---

① 事实上，本书的实证研究也检验了过往已有学者提出的家族承诺、长期导向的资源禀赋效应。具体来说，家族承诺为家族企业增加了家族成员间的信任，成员间贡献企业的意愿使得成员间共同致力于完成家族目标与愿景；长期导向能影响企业资源配置的倾向，造成家族企业“延迟满足”。

创业的竞争最终是人才的竞争，国家和企业要给予海归二代更大的施展空间。相信海归二代的人力资本和社会资本优势以及一些“功能型”海归技术创新的能力，能够对企业的公司创业产生积极的作用，促进企业转型升级目标的顺利实现。在国家层面，能为海归创业者提供更合适的创新创业土壤，如良好的创业环境、良好的知识产权保护氛围。在家族企业层面，企业家把子女送到国外积累学习和工作经验或许的确是为企业的创新创业、转型发展而进行的不错的人才投资，当然家族企业在二代接班过程中依然需要做好其他方面的准备。

第二，在家族企业层面对公司创业的启示有两点。首先，家族成员间建立共同利益和目标，更易进行合作，换言之，家族成员间良好的信任规则有利于家族创业。因而家族企业应尽可能通过提高家族承诺以有利于企业有益的创新创业氛围，避免和化解家族成员间因目标、利益不一致而导致的相互掣肘。家族企业的创新创业需要家族和企业间建立紧密的联系，这种联系始于家族股东或管理的高层具有适时的“延迟满足”追求长期导向倾向，做到企业有形资源的投入不要求企业的活动立即产生回报，鼓励进行基础性的研发工作以开发战略性成果储备以促进公司创业。同时，促进企业层面的公司创业还需要通过自上而下把追求效果、不急于求成的理念传递给中低层企业员工，给予员工创新创业的自主性。其次，中国家族企业很大程度上以血缘、亲缘、地缘为纽带，依靠“圈内人”的援助来获取金融资本、人力资本和社会网络资源等资源实现“捕捉市场转型释放巨额租金实现机遇式发展”。进入21世纪，家族企业进入新的成长和战略调整期，应该说，在这个阶段，中国家族企业才步入真正意义上的家族企业发展阶段，家族企业的治理结构和机制设计、职业经理人的进入等重要议题进入公众和研究视野（李新春，2010）。为了实现公司创业的发展绩效，在长效路径上，家族企业应该逐步淡化家族制，建立现代企业制度结构，把家族的所有权特别是管理权涉入控制在合理的水平线上。同时，应当唯才是举，加大吸收外部优秀的职业经理人进入家族企业发挥作用、贡献力量。只有更好地进行现代企业制度建设，将所有权和经营权分离，吸引更多的职业经理人进入家族企业，才不至于使职业经理人“失灵”（李新春，2003），才能够为家族企业公司创业和持续健康成长贡献力量。

第三，在宏观层面，形成政府与家族企业的共力作用以促进公司创业和转型升级。政府可以在两个方面发挥作用：一是提高家族企业中家族的公司创业意愿，更大程度更大范围地鼓励家族企业创新创业发展，提高家族合力和行动力；二是相关政府部门在政策制定中鼓励家族企业结合国家和区域发展机遇，使家族企业结合国家与企业发展，追求长期价值导向的创新创业事业。

第四，对家族企业传承的启示。海归二代是一群有别于国内二代的家族企业接班群体。海归二代相比于本土二代在创新创业上更有开拓性。一般来说，他们更加具有崇尚自由、拒绝权威的个性特点，尤其对一些习有技能的海归，他们愿意在一定的自由度上发挥自身的专业特长（这也是海归创业比例较高的原因之一）。对于海归二代的接班，还要注意避免和化解两代人之间的理念和思维方式差异导致的任务冲突和关系冲突。

对于普遍意义上的家族传承而言，如果把家族企业传承分为财富传承、事业传承和精神传承，那么对上一代而言精神传承是最需要关注的领域。从方太集团的案例中，我们可以提炼出有价值的传承路径。对二代而言，那就是岗位逐渐增多，一代逐渐退出的机制（带三年、帮三年、看三年），也就是说家族企业传承是应该包含准备、交接、掌控三个阶段的一个系统工程，这一模式同样也对海归接班适用。

三、工作展望

前文主要章节讨论了各个子研究的局限性和未来研究方向，这里再做一个总体的核心概括。

第一，第三章对于海归二代的研究，碍于样本的限制，未能区分海归二代在海外的具体经验（如工作或学习），未来可以在补充调研的基础上对海归二代的影响作用做进一步补充。当然未来还可以继续研究海归二代对家族企业公司创业的影响机理。

第二，第四章基于家族承诺对公司创业的考察，未来可以从两方面做进一步拓展研究。首先，从家族系统视角去探索家族—家族企业公司创业的作用关系，发掘其他家族异质性的解释因素，进一步解释什么样的家族会选择企业公司创业。其次，家族企业面临的其他环境属性，如制度环境和政商关系如何影响家族企业公司创业，是未来可积极探索的方向。

第三，由于纵向研究的需要，第五章的案例研究是通过单案例开展理论构建与分析工作的，这使得研究结论的复用性还亟待更大的样本进行检验。第六章对家族涉入的影响因素进行了大样本实证检验，得到了与案例研究结果一致的结论，体现了家族企业公司创业成功“去家族化”的作用，但对于机会搜索促进家族企业公司创业的结论，未来研究可以通过大样本的实证数据对机会识别的效果进行验证和拓展。

参考文献

[1] Agarwal, R. & Helfat, C. E. Strategic renewal of organizations. Organization Science, 2009, 20 (2), 281-293.

[2] Aldrich, H. E. & Cliff, J. E. The pervasive effects of family on entrepreneurship: Toward a family embeddedness perspective. Journal of Business Venturing, 2003, 18 (5), 573-596.

[3] Alvarez, S. A. & Busenitz, L. W. The entrepreneurship of resource-based theory. Journal of Management, 2001, 27 (6), 755-775.

[4] Alvarez, S. A., Barney, J. B. & Anderson, P. Forming and exploiting opportunities: The implications of discovery and creation processes for entrepreneurial and organizational research. Organization Science, 2013, 24 (1), 301-317.

[5] Ardichvili, A., Cardozo, R. & Ray, S. A theory of entrepreneurial opportunity identification and development. Journal of Business Venturing, 2003, 18 (1), 105-123.

[6] Arregle, J. L., et al. The development of organizational social capital: Attributes of family firms. Journal of Management Studies, 2007, 44 (1), 73-95.

[7] Baden-Fuller, C. Strategic innovation, corporate entrepreneurship and matching outside-in to inside-out approaches to strategy research. British Journal of Management, 1995, 6 (S1), 3-16.

[8] Barney, J. B. & Zhang, S. The future of Chinese Management research: A theory of Chinese management versus a Chinese theory of management. Management & Organization Review, 2009, 5 (1), 15-28.

[9] Barney, J. B., Ketchen, D. J. & Wright, M. The future of resource-based theory: Revitalization or decline? Journal of Management, 2011, 37 (5), 1299-1315.

[10] Barney, J. B. Firm resource and sustained competitive advantage. Journal of Management, 1991, 17 (1), 99-120.

[11] Baron, R. M. & Kenny, D. A. The moderator-mediator variable distinction in social psychological research: Conceptual, strategic, and statistical considerations: Chapman and Hall, 1986.

[12] Barrett, H. & Weinstein, A. The effect of market orientation and organizational flexibility on corporate entrepreneurship. Entrepreneurship Theory & Practice, 1998, 23 (1), 57-70.

[13] Barringer, B. R. & Bluedorn, A. C. The relationship between corporate entrepreneurship and strategic management. Strategic Management Journal, 1999, 20 (5), 421-444.

[14] Barsade, S. G. The Ripple effect: Emotional contagion and its influence on group behavior. Administrative Science Quarterly, 2002, 47 (4), 644-675.

[15] Becker, T. E. Potential problems in the statistical control of variables in organizational research: A qualitative analysis with recommendations. Organizational Research Methods, 2005, 8 (3), 274-289.

[16] Bergfeld, M. & Weber, F. Dynasties of innovation: Highly performing German family firms and the owners' role for innovation. International Journal of Entrepreneurship and Innovation Management, 2011, 13 (1), 80-94.

[17] Berrone, P., Cruz, C., Gómez - Mejía, L. R. Socioemotional wealth in family firms: Theoretical dimensions, assessment approaches, and

agenda for future research. Family Business Review, 2012, 25 (3), 258-279.

[18] Bierwerth, M., et al. Corporate entrepreneurship and performance: A meta-analysis. Small Business Economics, 2015, 45 (2), 255-278.

[19] Birkinshaw, J. Entrepreneurship in multinational corporations: The characteristics of subsidiary initiatives. Strategic Management Journal, 1997, 18 (3), 207-229.

[20] Birley, S. Owner-Manager attitudes to family and business issues: A 16 country study. Entrepreneurship Theory & Practice, 2001, 26 (2), 63-76.

[21] Block, J. H. R&D investments in family and founder firms: An agency perspective. Journal of Business Venturing, 2012, 27 (2), 248-265.

[22] Bojica, A. M. Corporate entrepreneurship and codification of the knowledge acquired from strategic partners in SMEs. Journal of Small Business Management, 2017, 55 (S1), 205-230.

[23] Boone, C., Lokshin, B., Guenter, H., et al. Top management team nationality diversity, corporate entrepreneurship, and innovation in multinational firms. Strategic Management Journal, 2019, 40 (2), 277-302.

[24] Borch, O. J., Huse, M. & Senneseth, K. Resource configuration, competitive strategies and corporate entrepreneurship: An empirical examination of small firms. Entrepreneurship Theory & Practice, 1999, 24 (1), 49-70.

[25] Breton-Miller, L. & Miller, D. Why do some family businesses out-compete? Governance, long - term orientations, and sustainable capability. Entrepreneurship Theory & Practice, 2006, 30 (6), 731-746.

[26] Brigham, K. H., et al. Researching long-term orientation: A validation study and recommendations for future research. Family Business Review, 2014, 27 (1), 72-88.

[27] Brockhaus, R. H. Risk taking propensity of entrepreneurs. Academy of Management Journal, 1980, 23 (3), 509-520.

[28] Burgelman, R. A. Designs for corporate entrepreneurship in estab-

lished firms. California Management Review, 1984, 26 (3), 154-166.

[29] Burgelman, R. A. Intraorganizational ecology of strategy making and organizational adaptation: Theory and field research. Organization Science, 1991, 2 (3), 239-262.

[30] Burgers, J. H. & Covin, J. G. The contingent effects of differentiation and integration on corporate entrepreneurship. Strategic Management Journal, 2016, 37 (3), 521-540.

[31] Busenitz, L. W., Gómez, C. & Spencer, J. W. Country institutional profiles: Unlocking entrepreneurial phenomena. Academy of Management Journal, 2000, 43 (5), 994-1003.

[32] Cabeza-García L, Sacristán-Navarro M, Gómez-Ansón S. Family involvement and corporate social responsibility disclosure. Journal of Family Business Strategy, 2017, 8 (2), 109-122.

[33] Calabrò, A., et al. Turning innovativeness into domestic and international corporate venturing: The moderating effect of high family ownership and influence. European Journal of International Management, 2016, 10 (5), 505-533.

[34] Calantone, R., Garcia, R. & Dröge, C. The effects of environmental turbulence on new product development strategy planning. Journal of Product Innovation Management, 2003, 20 (2), 90-103.

[35] Carnes, C. M. & Ireland, R. D. Familiness and innovation: Resource bundling as the missing link. Entrepreneurship Theory & Practice, 2013, 37 (6), 1399-1419.

[36] Chang, S. C., Wu, W. Y. & Wong, Y. J. Family control and stock market reactions to innovation announcements. British Journal of Management, 2010, 21 (1), 152-170.

[37] Chen, J. & Nadkarni, S. It's about time! CEOs temporal dispositions, temporal leadership, and corporate entrepreneurship. Administrative Sci-

ence Quarterly, 2016, 62 (1), 31-66.

[38] Chirico, F., et al. Resource orchestration in family firms: Investigating how entrepreneurial orientation, generational involvement, and participative strategy affect performance. Strategic Entrepreneurship Journal, 2011, 5 (4), 307-326.

[39] Chrisman, J. J., et al. The ability and willingness paradox in family firm innovation. Journal of Product Innovation Management, 2015, 32 (3), 310-318.

[40] Chrisman, J. J., et al. Family involvement, family influence, and family-centered non-economic goals in small firms. Entrepreneurship Theory & Practice, 2012, 36 (2), 267-293.

[41] Chrisman, J. J., Chua, J. H. & Litz, R. A. comparing the agency costs of family and non-family firms: Conceptual issues and exploratory evidence. Entrepreneurship Theory & Practice, 2004, 28 (4), 335-354.

[42] Chu W. Family ownership and firm performance: Influence of family management, family control, and firm size. Asia Pacific Journal of Management, 2011, 28 (4), 833-851.

[43] Chua, J. H., Chrisman, J. J. & Sharma, P. Defining the family business by behavior. Entrepreneurship Theory & Practice, 1999, 23 (4), 113-130.

[44] Chua, J. H., et al. Sources of heterogeneity in family firms: An introduction. Entrepreneurship Theory & Practice, 2012, 36 (6), 1103-1113.

[45] Clough, D. R., Fang, T. P., Vissa, B., et al. Turning lead into gold: How do entrepreneurs mobilize resources to exploit opportunities? Academy of Management Annals, 2019, 13 (1), 240-271.

[46] Cooper, A. C., Gimeno-Gascon, F. J. & Woo, C. Y. Initial human and financial capital as predictors of new venture performance. Journal of Business Venturing, 1994, 9 (5), 371-395.

[47] Covin, J. G. & Slevin, D. P. Strategic management of small firms in hostile and benign environments. Strategic Management Journal, 1989, 10 (1), 75-87.

[48] Covin, J. G. & Miles, M. P. Corporate entrepreneurship and the pursuit of competitive advantage. Entrepreneurship Theory & Practice, 1999, 23 (3), 47-63.

[49] Covin, J. G. & Slevin, D. P. The influence of organization structure on the utility of an entrepreneurial top management style. Journal of Management Studies, 1988, 25 (3), 217-234.

[50] Covin, J. G., Slevin, D. P. & Heeley, M. B. Pioneers and followers: Competitive tactics, environment, and firm growth. Journal of Business Venturing, 2000, 15 (2), 175-210.

[51] Craig, J., Dibrell, C. The natural environment, innovation, and firm performance: A comparative study. Family Business Review, 2006, 19 (4): 275-288.

[52] Craig, J. B. L. & Moores, K. A 10-Year longitudinal investigation of strategy, systems, and environment on innovation in family firms. Family Business Review, 2006, 19 (1), 1-10.

[53] Cruz, C. & Nordqvist, M. Entrepreneurial orientation in family firms: A generational perspective. Small Business Economics, 2012, 38 (1), 33-49.

[54] Cyert, R. & March, J. A behavioral theory of the firm. Englewood cliffs, NJ: Prentice-Hall, 1963.

[55] Dai, O. & Liu, X. Returnee entrepreneurs and firm performance in Chinese high-technology industries. International Business Review, 2009, 18 (4), 373-386.

[56] Danes, S. M., Stafford, K. & Loy, T. C. Family business performance: The effects of gender and management. Journal of Business Research,

2007, 60 (10), 1058-1069.

[57] Daspit, J. J., et al. Governance as a source of family firm heterogeneity. Journal of Business Research, 2018 (84), 293-300.

[58] Davidsson, P. & Wiklund, J. Levels of analysis in entrepreneurship research: Current research practice and suggestions for the future. Entrepreneurship Theory & Practice, 2001, 25 (4), 81-100.

[59] Davidsson, P. & Honig, B. The role of social and human capital among nascent entrepreneurs. Journal of Business Venturing, 2003, 18 (3), 301-331.

[60] Davis, J., Frankforter, S., Vollrath, D., et al. An empirical test of stewardship theory. Journal of Business & Leadership: Research, Practice, and Teaching, 2007, 3 (1): 40-50.

[61] Davis, J. H., Allen, M. R. & Hayes, H. D. Is blood thicker than water? A study of stewardship perceptions in family business. Entrepreneurship Theory & Practice, 2010, 34 (6), 1093-1116.

[62] De Massis, A. V., et al. Ability and willingness as sufficiency conditions for family-oriented particularistic behavior: Implications for theory and empirical studies. Journal of Small Business Management, 2014, 52 (2), 344-364.

[63] De Massis, A., Eddleston, K. A., Rovelli, P. Entrepreneurial by design: How organizational design affects family and non-family firms' opportunity exploitation. Journal of Management Studies, 2021, 58 (1), 27-62.

[64] Dess, G. G., Lumpkin, G. T. & Mcgee, J. E. Linking corporate entrepreneurship to strategy, structure, and process: Suggested research directions. Entrepreneurship Theory & Practice, 1999, 23 (3), 85-102.

[65] Dess, G. G. & Lumpkin, G. T. Research edge: The role of entrepreneurial orientation in stimulating effective corporate entrepreneurship. The Academy of Management Executive, 2005, 19 (1), 147-156.

[66] Dou, J., Su, E. & Wang, S. When does family ownership promote proactive environmental Strategy? The role of the firm's long-term orientation. Journal of Business Ethics, 2019, 158 (1), 81-95.

[67] Ducassy, I. & Prevot, F. The effects of family dynamics on diversification strategy: Empirical evidence from French companies. Journal of Family Business Strategy, 2010, 1 (4), 224-235.

[68] Dyer, J. H., Gregersen, H. B. & Christensen, C. Entrepreneur behaviors, opportunity recognition, and the origins of innovative ventures. Strategic Entrepreneurship Journal, 2008, 2 (4), 317-338.

[69] Dyer, W. G. & Whetten, D. A. Family firms and social responsibility: Preliminary evidence from the S&P 500. Entrepreneurship Theory & Practice, 2006, 30 (6), 785-802.

[70] Dyer, W. G. & Handler, W. Entrepreneurship and family business: Exploring the connections. Entrepreneurship Theory & Practice, 1994, 19 (1), 71-83.

[71] Eddleston, K. A., Kellermanns, F. W. & Zellweger, T. M. Exploring the entrepreneurial behavior of family firms: Does the stewardship perspective explain differences? Entrepreneurship Theory & Practice, 2012, 36 (2), 347-367.

[72] Eddleston, K. A., Kellermanns, F. W. & Sarathy, R. Resource configuration in family firms: Linking resources, strategic planning and technological opportunities to performance. Journal of Management Studies, 2008, 45 (1), 26-50.

[73] Eddleston, K. A. & Morgan, R. M. Trust, commitment and relationships in family business: Challenging conventional wisdom. Journal of Family Business Strategy, 2014, 5 (3), 213-216.

[74] Eisenhardt, K. M. Building theories from case study research. Academy of Management Review, 1989, 14 (4), 532-550.

[75] Eisenhardt, K. M. & Graebner, M. E. Theory building from cases: Opportunities and challenges. Academy of Management Journal, 2007, 50 (1), 25-32.

[76] Fang, H., Shi, Y. & Wu, Z. Familial altruism and reputation risk: Evidence from China. China Finance Review International, 2021, https://doi.org/10.1108/CFRI-01-2021-0016.

[77] Fang, H. C., Randolph, R. V. D. G., Memili, E., et al. Does size matter? The moderating effects of firm size on the employment of nonfamily managers in privately held family SMEs. Entrepreneurship Theory & Practice, 2016, 40 (5), 1017-1039.

[78] Felin, T. & Hesterly, W. S. The knowledge-based view, nested heterogeneity, and new value creation: Philosophical considerations on the locus of knowledge. Academy of Management Review, 2007, 32 (1), 195-218.

[79] Fernández, M. C. L., Bedia, A. M. S. & Pérez, M. P. Entrepreneurship and family firm research: A bibliometric analysis of an emerging field. Journal of Small Business Management, 2016, 54 (2), 622-639.

[80] Filatotchev, I., et al. The export orientation and export performance of high-technology SMEs in emerging markets: The effects of knowledge transfer by returnee entrepreneurs. Journal of International Business Studies, 2009, 40 (6), 1005-1021.

[81] Foss, K., et al. The entrepreneurial organization of heterogeneous capital. Journal of Management Studies, 2007, 44 (7), 1165-1186.

[82] Fu, Y. & Si, S. Does a second generation returnee make the family firm more entrepreneurial? The China experience. Chinese Management Studies, 2018, 12 (2), 287-304.

[83] Gallo., M. A. The role of family business and its distinctive characteristic behavior in industrial activity. Family Business Review, 1995, 8 (2), 83-97.

[84] Garcés - Galdeano, L., et al. Entrepreneurial orientation in family firms: The moderating role of technological intensity and performance. International Entrepreneurship & Management Journal, 2016, 12 (1), 1-19.

[85] Gartner, W. B. A Conceptual framework for describing the phenomenon of new venture creation. Academy of Management Review, 1985, 10 (4), 696-706.

[86] Gartner, W. B. "Who is an entrepreneur?" Is the wrong question. American Journal of Small Business, 1988 (13), 461-467.

[87] Gomez - Mejia, L. R., Cruz, C., Berrone, P., et al. The bind that ties: Socioemotional wealth preservation in family firms. Academy of Management Annals, 2011, 5 (1), 653-707.

[88] Gómez - Mejía, L. R. et al. Socioemotional wealth and business risks in family-controlled firms: Evidence from Spanish olive oil mills. Administrative Science Quarterly, 2007, 52 (1), 106-137.

[89] Grant, R. M. Toward a knowledge-based theory of the firm. Strategic Management Journal, 1996, 17 (S2), 109-122.

[90] Grégoire, D. A., Barr, P. S. & Shepherd, D. A. Cognitive processes of opportunity recognition: The role of structural alignment. Organization Science, 2010, 21 (2), 413-431.

[91] Gudmundson, D., Tower, C. B. & Hartman, E. A. Innovation in small businesses: Culture and ownership structure do matter. Journal of Developmental Entrepreneurship, 2003, 8 (1), 1-17.

[92] Gurrieri, A. R. Knowledge network dissemination in a family - firm sector. Journal of Socio-Economics, 2008, 37 (6), 2380-2389.

[93] Guth, W. D. & Ginsburg, A. Guest editor's introduction: Corporate entrepreneurship. Strategic Management Journal, 1990 (11), 5-16.

[94] Habbershon, T. G. & Williams, M. L. A resource-based framework for assessing the strategic advantages of family firms. Family Business Review,

1999, 12 (1), 1-25.

[95] Hall, A., Melin, L. & Nordqvist, M. Entrepreneurship as radical change in the family business: Exploring the role of cultural patterns. Family Business Review, 2001, 14 (3), 193-208.

[96] Hao, Z., Scott, E. S. & G., T. L. The relationship of personality to entrepreneurial intentions and performance: A meta-analytic review. Journal of Management, 2009, 36 (2), 381-404.

[97] Harvey, M. & Evans, R. E. Family business and multiple levels of conflict. Family Business Review, 1994, 7 (4), 331-348.

[98] Hatak, I., et al. Innovativeness and family-firm performance: The moderating effect of family commitment. Technological Forecasting & Social Change, 2016 (102), 120-131.

[99] Hirsch, P. M. & Levin, D. Z. Umbrella advocates versus validity police: A life-cycle model. Organization Science, 1999, 10 (2), 199-212.

[100] Hitt, M. A., et al. Strategic entrepreneurship: Entrepreneurial strategies for wealth creation. Strategic Management Journal, 2001, 22 (6-7), 479-491.

[101] Hitt, M. A., et al. The market for corporate control and firm innovation. Academy of Management Journal, 1996, 39 (5), 1084-1119.

[102] Hmieleski, K. M. & Baron, R. A. Regulatory focus and new venture performance: A study of entrepreneurial opportunity exploitation under conditions of risk versus uncertainty. Strategic Entrepreneurship Journal, 2008, 2 (4), 285-299.

[103] Hmieleski, K. M., Carr, J. C. & Baron, R. A. Integrating discovery and creation perspectives of entrepreneurial action: The relative roles of founding CEO human capital, social capital, and psychological capital in contexts of risk versus uncertainty. Strategic Entrepreneurship Journal, 2015, 9 (4), 289-312.

[104] Hornsby, J. S., Naffziger, D. W., Kuratko, D. F., Montagno, R. V. An interactive model of the corporate entrepreneurship process. Entrepreneurship Theory and Practice, 1993, 17 (2), 29-37.

[105] Hoy, F. The Complicating factor of life cycles in corporate venturing. Entrepreneurship Theory & Practice, 2006, 30 (6), 831-836.

[106] Hsu, L. & Chang, H. The role of behavioral strategic controls in family firm innovation. Industry & Innovation, 2011, 18 (7), 709-727.

[107] Huff, J. O., Huff, A. S. & Thomas, H. Strategic renewal and the interaction of cumulative stress and inertia. Strategic Management Journal, 1992, 13 (S1), 55-75.

[108] Hughes, M. & Mustafa, M. Antecedents of corporate entrepreneurship in SMEs: Evidence from an emerging economy. Journal of Small Business Management, 2017, 55 (S1), 115-140.

[109] Ireland, R. D., Reutzel, C. R. & Webb, J. W. Entrepreneurship Research in AMJ: What has been published, and what might the future hold? Academy of Management Journal, 2005, 48 (4), 556-564.

[110] Jaskiewicz, P., Combs, J. G. & Rau, S. B. Entrepreneurial legacy: Toward a theory of how some family firms nurture transgenerational entrepreneurship. Journal of Business Venturing, 2015, 30 (1), 29-49.

[111] Jaworski, B. J. & Kohli, A. K. Market orientation: Antecedents and consequences. Journal of Marketing, 1993, 57 (3), 53-71.

[112] Jennings, D. & M. Young, D. An empirical comparison between objective and subjective measures of the product innovation domain of corporate entrepreneurship. Entrepreneurship Theory & Practice, 1990, 15 (1), 53-66.

[113] Jennings, D. F. & Lumpkin, J. R. Functioning modeling corporate entrepreneurship: An empirical integrative analysis. Journal of Management, 1989, 15 (3), 485-502.

[114] Johns, G. The essential impact of context on organizational behav-

ior. Academy of Management Review, 2006, 31 (2), 386-408.

[115] Johns, G. Incorporating Context in organizational research: Reflections on the 2016 AMR Decade Award. Academy of Management Review, 2017, 42 (4), 2017-2044.

[116] Jones G R, Butler J E. Managing internal corporate entrepreneurship: An agency theory perspective. Journal of Management, 1992, 18 (4), 733-749.

[117] Kaish, S. & Gilad, B. Characteristics of opportunities search of entrepreneurs versus executives: Sources, interests, general alertness. Journal of Business Venturing, 1991, 6 (1), 45-61.

[118] Kandemir, D. & Acur, N. Examining proactive strategic decision-making flexibility in new product development. Journal of Product Innovation Management, 2012, 29 (4), 608-622.

[119] Kellermanns, F. W., et al. An exploratory study of family member characteristics and involvement: Effects on entrepreneurial behavior in the family firm. Family Business Review, 2008, 21 (1), 1-14.

[120] Kellermanns, F. W., et al. Innovativeness in family firms: A family influence perspective. Small Business Economics, 2012, 38 (1), 85-101.

[121] Kellermanns, F. W. & Eddleston, K. A. Corporate entrepreneurship in family firms: A family perspective. Entrepreneurship Theory & Practice, 2006, 30 (6), 809-830.

[122] Kepner, E. The family and the firm: A coevolutionary perspective. Family Business Review, 1991, 12 (4), 57-70.

[123] Kidwell, R. E., Eddleston, K. A., Kellermanns, F. W. Learning bad habits across generations: How negative imprints affect human resource management in the family firm. Human Resource Management Review, 2018, 28 (1), 5-17.

[124] Kihlstrom, R. E. & Laffont, J. J. A general equilibrium entrepre-

neurial theory of firm formation based on risk aversion. Journal of Political Economy，1979，87（4），719-748.

［125］Kim，P. H.，Aldrich，H. E. & Keister，L. A. Access（not）denied：The impact of financial，human，and cultural capital on entrepreneurial entry in the United States. Small Business Economics，2006，27（1），5-22.

［126］Kirzner，I. M. Competition and entrepreneurship：University of Chicago Press，1973.

［127］Klein，S. B.，Astrachan，J. H. & Smyrnios，K. X. The F-PEC scale of family influence：Construction，validation，and further implication for theory. Entrepreneurship Theory & Practice，2005，29（3），321-339.

［128］Koropp，C.，Grichnik，D. & Kellermanns，F. Financial attitudes in family firms：The moderating role of family commitment. Journal of Small Business Management，2013，51（1），114-137.

［129］Kostova，T. Country institutional profiles：Concept and measurement. Academy of Management Annual Meeting Proceedings，1997（1），180-184.

［130］Kotey B，Folker C. Employee training in SMEs：Effect of size and firm type-family and nonfamily. Journal of Small Business Management，2007，45（2），214-238.

［131］Kotlar，J. & Massis，A. D. Goal setting in family firms：Goal diversity，social interactions，and collective commitment to family-centered goals. Entrepreneurship Theory & Practice，2013，37（6），1263-1288.

［132］Kotlar，J.，Sieger，P. Bounded rationality and bounded reliability：A study of nonfamily managers' entrepreneurial behavior in family firms. Entrepreneurship Theory & Practice，2019，43（2），251-273.

［133］Kuratko，D. F. & Welsch，H. P. Strategic entrepreneurial growth. Fort Worth，TX：Harcourt College Publishers，2001.

［134］Kuratko，D. F. & Morris，M. H. Corporate entrepreneurship：A critical challenge for educators and researchers, 2018, 1 (1), 42-60.

[135] Kuratko, D. F., Montagno, R. V. & Hornsby, J. S. Developing an intrapreneurial assessment instrument for an effective corporate entrepreneurial environment. Strategic Management Journal, 1990, 11, 49-58.

[136] Kuratko, D. F. & Morris, M. H. Corporate entrepreneurship: The dynamic strategy for 21st century organizations: Emerald Group Publishing Limited, 2003.

[137] Kuratko, D. F. & Audretsch, D. B. Clarifying the domains of corporate entrepreneurship. International Entrepreneurship & Management Journal, 2013, 9 (3), 323-335.

[138] Lai, H. C. & Patrick, T. G. Corporate entrepreneurship: The roles of ideology and social capital. Group & Organization Management, 1997, 22 (1), 10-30.

[139] Lansberg, I., Perrow, E. L. & Rogolsky, S. Family business as an emerging field. Family Business Review, 1988, 1 (1), 1-8.

[140] Lansberg, I. & Astrachan, J. H. Influence of family relationships on succession planning and training: The importance of mediating factors. Family Business Review, 1994, 7 (1), 39-59.

[141] Leal-Rodríguez, A. L., Albort-Morant, G. & Martelo-Landroguez, S. Links between entrepreneurial culture, innovation, and performance: The moderating role of family firms. International Entrepreneurship and Management Journal, 2017, 13 (3), 819-835.

[142] Lee T. Management ties and firm performance: Influence of family governance. Journal of Family Business Strategy, 2019, 10 (2), 105-118.

[143] Li, H., et al. Returnees versus locals: Who perform better in China's technology entrepreneurship? Strategic Entrepreneurship Journal, 2012, 6 (3), 257-272.

[144] Li, X. C., et al. Research on Chinese family businesses: Perspec-

tives. Management & Organization Review, 2015, 11 (4), 579-597.

[145] Lin, D., et al. International knowledge brokerage and returnees' entrepreneurial decisions. Journal of International Business Studies, 2016, 47 (3), 295-318.

[146] Ling, Y., et al. Transformational leadership's role in promoting corporate entrepreneurship: Examining the CEO - TMT interface. Academy of Management Journal, 2008, 51 (3), 557-576.

[147] Litz, R. The family business: Toward definitional clarity. Family Business Review, 1995, 8 (2), 71-81.

[148] Litz, R. A. & Kleysen, R. F. Your old men shall dream dreams, your young men shall see visions: Toward a theory of family firm innovation with help from the Brubeck family. Family Business Review, 2001, 14 (4), 335-351.

[149] Liu, X., et al. Human mobility and international knowledge spillovers: Evidence from high-tech small and medium enterprises in an emerging market. Strategic Entrepreneurship Journal, 2010, 4 (4), 340-355.

[150] Liu, X., Wright, M. & Filatotchev, I. Learning, firm age and performance: An investigation of returnee entrepreneurs in Chinese high-tech industries. International Small Business Journal, 2015 (1), 467-487.

[151] Low, M. B. & MacMillan, I. C. Entrepreneurship: Past research and future challenges. Journal of Management, 1988, 14 (2), 139-161.

[152] Lumpkin, G. T., Brigham, K. H. & Moss, T. W. Long - term orientation: Implications for the entrepreneurial orientation and performance of family businesses. Entrepreneurship & Regional Development, 2010, 22 (3-4), 241-264.

[153] Lumpkin, G. T., Steier, L. & Wright, M. Strategic entrepreneurship in family business. Strategic Entrepreneurship Journal, 2011, 5 (4), 285-306.

[154] Lumpkin, G. T. & Dess, G. G. Clarifying the entrepreneurial orientation construct and linking it to performance. Academy of Management Review, 1996, 21 (1), 135-172.

[155] Lumpkin, G. T. & Brigham, K. H. Long-Term orientation and intertemporal choice in family firms. Entrepreneurship Theory & Practice, 2011, 35 (6), 1149-1169.

[156] Lyman, A. R. Customer service: Does family ownership make a difference? Family Business Review, 1991, 4 (3), 303-324.

[157] March, J. G. Exploration and exploitation in organizational learning. Organization Science, 1991, 2 (1), 71-87.

[158] Marchisio, G., et al. Corporate venturing in family business: The effects on the family and its members. Entrepreneurship & Regional Development, 2010, 22 (3-4), 349-377.

[159] Mazzola, P., Marchisio, G. & Astrachan, J. Strategic planning in family business: A powerful developmental tool for the next generation. Family Business Review, 2008, 21 (3), 239-258.

[160] Mcgrath, R. G., Venkataraman, S. & Macmillan, I. C. The advantage chain: Antecedents to rents from internal corporate ventures. Journal of Business Venturing, 1994, 9 (5), 351-369.

[161] Mckelvie, A., et al. Corporate entrepreneurship in family businesses: Past contributions and future opportunities: SAGE handbook of family business, 2014.

[162] Miller D, Le Breton - Miller I. Deconstructing socioemotional wealth. Entrepreneurship Theory & Practice, 2014, 38 (4), 713-720.

[163] Miller, D., Breton - Miller, I. L. & Scholnick, B. Stewardship vs. Stagnation: An empirical comparison of small family and non-family businesses. Journal of Management Studies, 2008, 45 (1), 51-78.

[164] Miller, D. & Friesen, P. H. Innovation in conservative and entre-

preneurial firms: Two models of strategic momentum. Strategic Management Journal, 1982, 3 (1), 1-25.

[165] Miller, D. The correlates of entrepreneurship in three types of firms. Management Science, 1983, 29 (7), 770-791.

[166] Mintzberg, H. & Waters, J. A. Of strategies, deliberate and emergent. Strategic Management Journal, 1985, 6 (3), 257-272.

[167] Minola, T., et al. Corporate entrepreneurship in family business: Routledge Handbook of Family Business, 2016.

[168] Minola, T., Kammerlander, N., Kellermanns, F. W., et al. Corporate entrepreneurship and family business: Learning across domains. Journal of Management Studies, 2021, 58 (1), 1-26.

[169] Mustafa, M. J. Providing organisational support for corporate entrepreneurship: Evidence from a Malaysian family firm. International Journal of Entrepreneurship & Small Business, 2015, 25 (4), 414-441.

[170] Naldi, L., Achtenhagen, L. & Davidsson, P. International corporate entrepreneurship among SMEs: A test of Stevenson's notion of entrepreneurial management. Journal of Small Business Management, 2015, 53 (3), 780-800.

[171] Nordqvist, M. Familiness in top management teams: Commentary on Ensley and Pearson's "an exploratory comparison of the behavioral dynamics of top management teams in family and nonfamily new ventures: cohesion, conflict, potency, and consensus". Entrepreneurship Theory & Practice, 2005, 29 (3), 285-292.

[172] Nordqvist, M. & Melin, L. Entrepreneurial families and family firms. Entrepreneurship & Regional Development, 2010, 22 (3-4), 211.

[173] Olson, P. D., et al. The impact of the family and the business on family business sustainability. Journal of Business Venturing, 2003, 18 (5), 639-666.

[174] Oviatt, B. M. & Mcdougall, P. P. Toward a theory of international new ventures. Journal of International Business Studies, 1994, 25 (1), 45-64.

[175] Peng, M. W. Institutional transitions and strategic choices. Academy of Management Review, 2003, 28 (2), 275-296.

[176] Peng, M. W. & Luo, Y. Managerial ties and firm performance in a transition economy: The nature of a micro-macro link. Academy of Management Journal, 2000, 43 (3), 486-501.

[177] Peterson, R. A. & Berger, D. G. Entrepreneurship in organizations: Evidence from the popular music industry. Administrative Science Quarterly, 1971, 16 (1), 97-106.

[178] Phan, P. H., et al. Corporate entrepreneurship: Current research and future directions. Journal of Business Venturing, 2009, 24 (3), 197.

[179] Pittino, D. & Visintin, F. Innovation and strategic types of family SMEs: A test and extension of Miles and Snow's configurational model, Journal of Enterprising Culture, 2009, 17 (3), 257-295.

[180] Polanyi, M. Tacit knowing: Its bearing on some problems of philosophy. Review of Modern Physics, 1962, 34 (4), 601-615.

[181] Preacher, K. J., Rucker, D. D. & Hayes, A. F. Addressing moderated mediation hypotheses: Theory, methods, and prescriptions. Multivariate Behavioral Research, 2007, 42 (1), 185-227.

[182] Prügl, R., Spitzley, D. I. Responding to digital transformation by external corporate venturing: An enterprising family identity and communication patterns perspective. Journal of Management Studies, 2021, 58 (1), 135.

[183] Qin, F. & Estrin, S. Does social influence span time and space? Evidence from Indian returnee entrepreneurs. Strategic Entrepreneurship Journal, 2015, 9 (3), 226-242.

[184] Rauch, A., et al. Entrepreneurial orientation and business performance: An assessment of past research and suggestions for the future. Entrepreneur-

ship Theory & Practice, 2009, 33 (3), 761-787.

[185] Ramírez-Pasillas, M., Lundberg, H., Nordqvist, M. Next generation external venturing practices in family owned businesses. Journal of Management Studies, 2021, 58 (1), 63-103.

[186] Rogoff, E. G. & Heck, R. K. Z. Evolving research in entrepreneurship and family business: Recognizing family as the oxygen that feeds the fire of entrepreneurship. Journal of Business Venturing, 2003, 18 (5), 559-566.

[187] Sakhdari, K., Burgers, J. H., Davidsson, P. Alliance portfolio management capabilities, corporate entrepreneurship, and relative firm performance in SMEs. Journal of Small Business Management, 2023, 61 (2): 802-830.

[188] Salvato, C. Predictors of entrepreneurship in family firms. Journal of Private Equity, 2004, 7 (3), 68-76.

[189] Salvato, C., Chirico, F. & Sharma, P. A farewell to the business: Championing exit and continuity in entrepreneurial family firms. Entrepreneurship & Regional Development, 2010, 22 (3-4), 321-348.

[190] Sarason, Y., Dean, T. & Dillard, J. F. Entrepreneurship as the nexus of individual and opportunity: A structuration view. Journal of Business Venturing, 2006, 21 (3), 286-305.

[191] Sarasvathy, S. D., et al. Three views of entrepreneurial opportunity: Handbook of entrepreneurship research. Springer New York, 2010, 77-96.

[192] Schendel, D. Introduction to the special issue on corporate entrepreneurship. Strategic Management Journal, 1990 (11), 1-3.

[193] Scholes, L., et al. Strategic changes in family firms post-management buyout: Ownership and governance issues. International Small Business Journal, 2010, 28 (5), 505-521.

[194] Schulze, W. S., Lubatkin, M. H. & Dino, R. N. Toward a theory of agency and altruism in family firms. Journal of Business Venturing, 2003, 18

(4), 473-490.

[195] Sciascia, S. & Bettinelli, C. Corporate entrepreneurship in family businesses: Past, present and future research. Management, 2013, 16 (4), 422-432.

[196] Segaro, E. L., Larimo, J. & Jones, M. V. Internationalisation of family small and medium sized enterprises: The role of stewardship orientation, family commitment culture and top management team. International Business Review, 2014, 23 (2), 381-395.

[197] Shane, S. & Venkataraman, S. The promise of entrepreneurship as a field of research. Academy of Management Review, 2000, 25 (1), 217.

[198] Shane, S. & Venkataraman, S. Entrepreneurship as a field of research: A response to Zahra and Dess, Singh, and Erikson. Academy of Management Review, 2001, 26 (1), 13-16.

[199] Sharma, P. & Chrisman, J. J. Toward a reconciliation of the definitional issues in the field of corporate entrepreneurship. Entrepreneurship Theory & Practice, 1999, 23 (3), 11-27.

[200] Shimizu, K. Risks of corporate entrepreneurship: Autonomy and agency issues. Organization Science, 2012, 23 (1), 194-206.

[201] Short, J. C., et al. Family firms and entrepreneurial orientation in publicly traded firms: A comparative analysis of the S&P 500. Family Business Review, 2009, 22 (1), 9-24.

[202] Sievinen, H. M., Ikäheimonen, T., Pihkala, T. The advisory role of non-family board members: A case-based study of a family firm. Journal of Management and Governance, 2019 (1), 1-33.

[203] Simsek, Z. & Heavey, C. The mediating role of knowledge-based capital for corporate entrepreneurship effects on performance: A study of small-to medium-sized firms. Strategic Entrepreneurship Journal, 2011, 5 (1), 81-100.

[204] Sirmon, D. G. & Hitt, M. A. Managing resources: Linking unique resources, management, and wealth creation in family firms. Entrepreneurship Theory & Practice, 2003, 27 (4), 339-358.

[205] Steier, L. Variants of agency contracts in family-financed ventures as a continuum of familial altruistic and market rationalities. Journal of Business Venturing, 2003, 18 (5), 597-618.

[206] Stevenson, H. H. & Jarillo, J. C. A paradigm of entrepreneurship: Entrepreneurial management. Strategic Management Journal, 1990, 11 (1), 17-27.

[207] Suddaby, R., Bruton, G. D. & Si, S. X. Entrepreneurship through a qualitative lens: Insights on the construction and/or discovery of entrepreneurial opportunity. Journal of Business Venturing, 2015, 30 (1), 1-10.

[208] Tan, J. Innovation and risk-taking in a transitional economy: A comparative study of Chinese managers and entrepreneurs. Journal of Business Venturing, 2001, 16 (4), 359-376.

[209] Timmons, J. A. Characteristics and role demands of entrepreneurship. American Journal of Small Business, 1978 (3), 5-17.

[210] Timmons, J. A., Spinelli, S. & Tan, Y. New venture creation: Entrepreneurship for the 21st century. Burr Ridge, IL: Irwin, 1994.

[211] Tocher, N., Oswald, S. L. & Hall, D. J. Proposing social resources as the fundamental catalyst toward opportunity creation. Strategic Entrepreneurship Journal, 2015, 9 (2), 119-135.

[212] Toledano, N., Urbano, D. & Bernadich, M. Networks and corporate entrepreneurship: A comparative case study on family business in Catalonia. Journal of Organizational Change Management, 2010, 23 (4), 396-412.

[213] Vries, M. F. R. K. The entrepreneurial personality: A person at the crossroads. Journal of Management Studies, 1977, 14 (1), 34-57.

[214] Wagner, M. Corporate social performance and innovation with high social benefits: A quantitative analysis. Journal of Business Ethics, 2010, 94

(4), 581-594.

[215] Wang, T. & Bansal, P. Social responsibility in new ventures: Profiting from a long-term orientation. Strategic Management Journal, 2012, 33 (10), 1135-1153.

[216] Webb, J. W., Ketchen Jr, D. J., Ireland, R. D. Strategic entrepreneurship within family-controlled firms: Opportunities and challenges. Journal of family Business Strategy, 2010, 1 (2): 67-77.

[217] Wei, Y. & Atuahene-Gima, K. The moderating role of reward systems in the relationship between market orientation and new product performance in China. International Journal of Research in Marketing, 2009, 26 (2), 89-96.

[218] Weismeier-Sammer, D. Entrepreneurial behavior in family firms: A replication study. Journal of Family Business Strategy, 2011, 2 (3), 128.

[219] Welsh, D. H. B., Memili, E., Rosplock, K., et al. Perceptions of entrepreneurship across generations in family offices: A stewardship theory perspective. Journal of Family Business Strategy, 2013, 4 (3): 213-226.

[220] Westfall, S. L. Stimulating corporate entrepreneurship in U. S. industry. Academy of Management Journal, 1969, 12 (2), 235-246.

[221] Westhead, P. & Howorth, C. "Types" of private family firms: An exploratory conceptual and empirical analysis. Entrepreneurship & Regional Development, 2007, 19 (5), 405-431.

[222] Wong, Y. J., Chang, S. C. & Chen, L. Y. Does a family-controlled firm perform better in corporate venturing? Corporate Governance an International Review, 2010, 18 (3), 175-192.

[223] Wood, M. S. & McKinley, W. The production of entrepreneurial opportunity: A constructivist perspective. Strategic Entrepreneurship Journal, 2010, 4 (1), 66-84.

[224] Wright, A. L. & Zammuto, R. F. Creating opportunities for institutional entrepreneurship: The colonel and the cup in English county cricket. Journal

of Business Venturing, 2013, 28 (1), 51-68.

[225] Wright, M., et al. Family enterprise and context. Entrepreneurship Theory & Practice, 2014, 38 (6), 1247-1260.

[226] Yin, R. K. Case study research: Design and methods. Sage Publications, London, 1994.

[227] Yiu, D. W. & Lau, C. M. Corporate entrepreneurship as resource capital configuration in emerging market firms. Entrepreneurship Theory & Practice, 2008, 32 (1), 37-57.

[228] Zahra, S. A., et al. Culture of family commitment and strategic flexibility: The moderating effect of stewardship. Entrepreneurship Theory & Practice, 2008, 32 (6), 1035-1054.

[229] Zahra, S. A., Hayton, J. C. & Salvato, C. Entrepreneurship in family vs. non-family firms: A resource-based analysis of the effect of organizational culture. Entrepreneurship Theory & Practice, 2004, 28 (4), 363-381.

[230] Zahra, S. A. Entrepreneurial risk taking in family firms. Family Business Review, 2005, 18 (1), 23-40.

[231] Zahra, S. A., Wright, M. & Abdelgawad, S. G. Contextualization and the advancement of entrepreneurship research. International Small Business Journal, 2014, 32 (5), 479-500.

[232] Zahra, S. A. Organizational learning and entrepreneurship in family firms: Exploring the moderating effect of ownership and cohesion. Small Business Economics, 2012, 38 (1), 51-65.

[233] Zahra, S. A. International expansion of U. S. manufacturing family businesses: The effect of ownership and involvement. Journal of Business Venturing, 2003, 18 (4), 495-512.

[234] Zahra, S. A. Predictors and financial outcomes of corporate entrepreneurship: An exploratory study. Journal of Business Venturing, 1991, 6 (4), 259-285.

[235] Zahra, S. A. Environment, corporate entrepreneurship, and financial performance: A taxonomic approach. Journal of Business Venturing, 1993, 8 (4), 319-340.

[236] Zahra, S. A. Corporate entrepreneurship and financial performance: The case of management leveraged buyouts. Journal of Business Venturing, 1995, 8 (4), 319-340.

[237] Zahra, S. A. & Covin, J. G. Contextual influences on the corporate entrepreneurship－performance relationship: A longitudinal analysis. Journal of Business Venturing, 1995, 10 (1), 43-58.

[238] Zahra, S. A. Goverance, Ownership, and corporate entrepreneurship: The moderating impact of industry technological opportunities. Academy of Management Journal, 1996, 39 (6), 1713-1735.

[239] Zahra, S. A., Neubaum, D. O. & Huse, M. Entrepreneurship in medium-size companies: Exploring the effects of ownership and governance systems. Journal of Management, 2000, 26 (5), 947-976.

[240] Zahra, S. A. & Garvis, D. M. International corporate entrepreneurship and firm performance: The moderating effect of international environmental hostility. Journal of Business Venturing, 2000, 15 (5), 469-492.

[241] Zahra, S. A. The virtuous cycle of discovery and creation of entrepreneurial opportunities. Strategic Entrepreneurship Journal, 2008, 2 (3), 243-257.

[242] Zellweger, T. M., Eddleston, K. A., Kellermanns, F. W. Exploring the concept of familiness: Introducing family firm identity. Journal of Family Business Strategy, 2010, 1 (1), 54-63.

[243] Zhou, L. Social responsibility and employees' organizational identification in Chinese family firms: Influence of family ownership and family commitment. Chinese Management Studies, 2014, 8 (4), 683-703.

[244] 蔡地，罗进辉，唐贵瑶．家族成员参与管理、制度环境与技术

创新．科研管理，2016，37（4），85-93.

［245］陈慧慧．家族企业网络、非正式学习与创业活力．中央财经大学学报，2016（8），121-128.

［246］陈江，陈凌，杨祎婧．组合创业影响家族企业成长的过程机制研究——基于浙江振石控股集团的案例探析．科学学研究，2013，31（5）：751-763.

［247］陈凌，王昊．家族涉入、政治联系与制度环境——以中国民营企业为例．管理世界，2013（10），130-141.

［248］陈凌，吴炳德．市场化水平、教育程度和家族企业研发投资．科研管理，2014，35（7），44-50.

［249］陈娜．公司治理水平、企业生命周期与股价波动复杂性．财会通讯，2019（36），43-49.

［250］陈文婷．创业学习与家族企业跨代创业成长——基于行业、规模及成长阶段的差异分析．经济管理，2013，35（12），42-53.

［251］储小平．家族企业研究：一个具有现代意义的话题．中国社会科学，2000（5），51-58.

［252］戴维奇．“战略创业”与“公司创业”是同一个构念吗？——兼论中国背景下战略创业未来研究的三个方向．科学学与科学技术管理，2015（9），11-20.

［253］彼得·德鲁克．创新和企业家精神．北京：企业管理出版社，1989.

［254］范黎波，刘云芬，杨金海．家族化管理与企业绩效：规模与家族成员所有权结构的调节效应．管理评论，2016，28（5），96-106.

［255］窦军生，贾生华．“家业”何以长青？——企业家个体层面家族企业代际传承要素的识别．管理世界，2008（9），105-117.

［256］窦军生，张玲丽，王宁．社会情感财富框架的理论溯源与应用前沿追踪——基于家族企业研究视角．外国经济与管理，2014，36（12），64-71+80.

［257］弗兰西斯·福山．信任：社会道德与繁荣的创造．呼和浩特：远方出版社，1998.

［258］傅颖，窦军生，吴炳德．家族承诺何以影响企业的风险承担？．南方经济，2019（8），100-113.

［259］傅颖，方汉青，薄秋实等．家族企业公司创业：海归继承人的影响效应．南开管理评论，2021，24（6）：129-141.

［260］郭超．子承父业还是开拓新机——二代接班者价值观偏离与家族企业转型创业．中山大学学报（社会科学版），2013，53（2），189-198.

［261］郭重庆．中国管理学者该登场了．管理学报，2011，8（12），1733-1736.

［262］何轩等．家族为何意欲放手？——制度环境感知，政治地位与中国家族企业主的传承意愿．管理世界，2014（2），90-101.

［263］何轩，马骏，朱丽娜，李新春．制度变迁速度如何影响家族企业主的企业家精神配置——基于动态制度基础观的经验性研究．南开管理评论，2016，19（3），64-76.

［264］贺小刚等．创业家族的共同治理有效还是无效？——基于中国家族上市公司的实证研究．管理评论，2016，28（6），150-161.

［265］胡旭阳，吴一平．中国家族企业政治资本代际转移研究——基于民营企业家参政议政的实证分析．中国工业经济，2016（1），146-160.

［266］李春琦．影响我国家族企业绩效的经验证据——基于对家族上市公司控股比例和规模的考察．统计研究，2005（11），55-58.

［267］李京文，袁页，甘德安．“家文化”与家族企业创新投入的关系研究．科技管理研究，2017，37（12），31-36.

［268］李婧等．业绩驱动、市场化进程与家族企业创新精神．管理评论，2016，28（1），96-108.

［269］李路路，朱斌．家族涉入、企业规模与民营企业的绩效．社会学研究，2014（2），1-21+242.

[270] 李前兵．家族成员特征对家族创业行为影响的实证研究．预测，2011，30（3），59-64.

[271] 李新春，韩剑，李炜文．传承还是另创领地？——家族企业二代继承的权威合法性建构．管理世界，2015（6），110-124.

[272] 李新春，何轩，陈文婷．战略创业与家族企业创业精神的传承——基于百年老字号李锦记的案例研究．管理世界，2008（10），127-140.

[273] 李新春．经理人市场失灵与家族企业治理．管理世界，2003（4），87-95.

[274] 李新春，任丽霞．民营企业的家族意图与家族治理行为研究．中山大学学报（社会科学版），2004，44（6），239-248.

[275] 李新春，张鹏翔，叶文平．家族企业跨代资源整合与组合创业．管理科学学报，2016，19（11），1-17.

[276] 李新春．家族企业的成长困境与持续创业．学术研究，2010（12），65-68.

[277] 李秀娟，张燕．当传承遇到转型——中国家族企业发展路径图．北京：北京大学出版社，2017.

[278] 李志刚，尹萍，刘振．公司复兴及其实施途径研究综述．华东经济管理，2012，26（11），138-142.

[279] 栗战书．中国家庭企业发展中面临的问题与对策建议．中国工业经济，2003（3），87-93.

[280] 刘佳，梁强．跨代创业与企业家精神培育——基于匹克体育的案例研究．中大管理研究，2013，8（4）：141-161.

[281] 刘新梅，赵旭，张新星．企业高层长期导向对新产品创造力的影响研究——基于资源编排视角．科学学与科学技术管理，2017，38（3），44-55.

[282] 吕斐斐，邓艳斌，贺小刚．家族期望与创业坚持：参考点影响效应研究．南开管理评论，2017，20（5），41-55.

［283］毛基业，李晓燕．理论在案例研究中的作用——中国企业管理案例论坛（2009）综述与范文分析．管理世界，2010（2），106-113.

［284］闵亦杰，陈志军，李荣．家族涉入与企业技术创新．外国经济与管理，2016，38（3），86-98.

［285］钱穆．从中国历史来看中国民族性及中国文化：新校本．北京：九州出版社，2011.

［286］史晋川．中国民营经济发展面临的三大挑战．中国经济评论，2021（4），62-68.

［287］斯晓夫，王颂，傅颖．创业机会从何而来：发现，构建还是发现+构建？——创业机会的理论前沿研究．管理世界，2016a（3），115-127.

［288］斯晓夫，吴晓波，陈凌，邬爱其．创业管理：理论与实践．杭州：浙江大学出版社，2016b.

［289］汪祥耀，金一禾，毕祎．家族企业代际传承推动还是抑制了创新．商业经济与管理，2016（12），73-82.

［290］王陆庄，陈凌．中国家族企业成长中的障碍与出路——第二届“创业与家族企业成长”国际研讨会侧记．管理世界，2006（8），136-139.

［291］王藤燕，金源．去家族化能缓解企业融资约束吗？［J］．外国经济与管理，2020，42（6），139-152.

［292］王晓婷，陈文强，李生校．社会情感财富与公司风险投资：家族企业演变的调节效应．当代经济科学，2020，42（4），90-98.

［293］王扬眉，叶仕峰．家族性资源战略传承：从适应性到选择性组合创业——一个纵向案例研究．南方经济，2018（10），49-68.

［294］马克斯·韦伯．新教伦理与资本主义精神．上海：三联书店，1987.

［295］魏江，戴维奇，林巧．公司创业研究领域两个关键构念——创业导向与公司创业的比较．外国经济与管理，2009，31（1），24-31.

［296］魏江，邬爱其，彭雪蓉．中国战略管理研究：情境问题与理论前沿．管理世界，2014（12），167-171.

［297］吴炳德．意愿与能力：家族控制对研发投资的影响．研究与发展管理，2016，28（2），63-71.

［298］吴炳德等．目标兼容性、投资视野与家族控制：以研发资金配置为例．管理世界，2017（2），109-119.

［299］吴超鹏，薛南枝，张琦，吴世农．家族主义文化、“去家族化”治理改革与公司绩效．经济研究，2019，54（2），182-198.

［300］吴炯，李保杰．家族企业接班者的政治关联、人力资本与跨代创业行为．管理学报，2015，12（11），1638-1645.

［301］吴炯，颜丝琪．家族企业跨代创业：类型与动因．经济体制改革，2016（2）：125-130.

［302］小艾尔弗雷德·D. 钱德勒．看得见的手：美国企业的管理革命．北京：商务印书馆，1987.

［303］徐道宣．胡雪岩经商失败的原因及对企业管理者的启示．湖北理工学院学报（人文社会科学版），2012，29（6），29-31+35.

［304］徐淑英，吕力．中国本土管理研究的理论与实践问题：对徐淑英的访谈．管理学报，2015，12（3），313-321.

［305］徐淑英，张志学．管理问题与理论建立：开展中国本土管理研究的策略．重庆大学学报：社会科学版，2011，17（4），1-7.

［306］许庆瑞，吴志岩，陈力田．转型经济中企业自主创新能力演化路径及驱动因素分析——海尔集团 1984~2013 年的纵向案例研究．管理世界，2013（4），121-134.

［307］杨学儒等．新时期中国民营（家族）企业的传承与创新创业问题．南方经济，2017，36（8），1-7.

［308］杨学儒，李新春．家族涉入指数的构建与测量研究．中国工业经济，2009（5），99-109.

［309］杨学儒，李军．家族涉入与民营企业公司创业——职业经理人

视角的理论与实证研究．杭州师范大学学报（社会科学版），2012，34（2），79-87.

［310］杨迤，贾良定，陈永霞．认知学派：战略管理理论发展前沿．南大商学评论，2007（4），178-194.

［311］叶艳，李孔岳．企业规模、家族涉入与私营企业捐赠行为——基于战略性动机的研究．当代财经，2017（12），78-86.

［312］余恕莲，王藤燕．市场化进程、去家族化与研发投入——基于中国高新行业上市家族企业的实证研究．技术经济，2016，35（9），27-34.

［313］张红，葛宝山．创业学习、机会识别与商业模式——基于珠海众能的纵向案例研究．科学学与科学技术管理，2016（6），123-136.

［314］张磊．关于做好非公有制企业主先富群体工作的若干思考．中央社会主义学院学报，2015（1），95-100.

［315］张远飞，贺小刚和连燕玲．“富则思安”吗？——基于中国民营上市公司的实证分析．管理世界，2013（7），130-144.

［316］张玉利，史宇飞，薛刘洋．数字经济时代大型企业驱动的创业创新实践问题研究．理论与现代化，2021（1），14-20.

［317］赵晶，孟维烜．继承人社会资本对代际传承中企业创新的影响．中国人民大学学报，2016，30（3），91-105.

［318］钟熙，任柳杨，任鸽．家族企业“去家族化”研究：创新期望落差视角．南开管理评论，1-22［2021-06-21］.

［319］周立新．家族涉入与家族企业创新能力：中国制造业家族企业的实证研究．研究与发展管理，2014，26（1），136-144.

［320］朱沆，周影辉．社会情感财富抑制了中国家族企业的创新投入吗？管理世界，2016（3），99-114.

［321］朱镕基．朱镕基上海讲话实录．北京：人民出版社，2013.